中央高校基本科研业务费专项资金资助

Journal of Contemporary Chinese Discourse Studies

当代中国话语研究 7

DANGDAI ZHONGGUO HUAYU YANJIU

⊙ 施 旭 主编

高等教育出版社·北京

图书在版编目（C I P）数据

当代中国话语研究．第7辑／施旭主编．--北京：高等教育出版社，2015.12
ISBN 978-7-04-044113-0

Ⅰ．①当… Ⅱ．①施… Ⅲ．①汉语－话语语言学－研究 Ⅳ．①H1

中国版本图书馆CIP数据核字（2015）第270756号

策划编辑 谢 森　责任编辑 韦 玮 谢 森　封面设计 顾 斌　版式设计 魏 亮
责任校对 方 舟　责任印制 赵义民

出版发行	高等教育出版社	咨询电话	400-810-0598
社　址	北京市西城区德外大街4号	网　址	http://www.hep.edu.cn
邮政编码	100120		http://www.hep.com.cn
印　刷	北京奥鑫印刷厂	网上订购	http://www.landraco.com
开　本	787mm×1092mm 1/16		http://www.landraco.com.cn
印　张	5.25	版　次	2015年12月第1版
字　数	120千字	印　次	2015年12月第1次印刷
购书热线	010-58581118	定　价	18.00元

物 料 号　44113-00

《当代中国话语研究》编委会

目　录

“中国威胁论”话语的生成机制与国家话语能力的建构

唐青叶

摘　要： 本文以合法性和话语历史分析为理论视角，以西方国家有关“中国威胁论”话语为研究对象，探讨“中国威胁论”话语生成的历史渊源与机制，从而对其合法性进行解构，旨在揭示西方强势话语的本质及其话语背后隐藏的深层次政治不平等、利益取向和文化殖民。通过解构西方主流话语体系，阐释其观念化过程体现的历史感和现代性，提出建构国家话语能力的路径，强调中国话语特色、中国言说方式和思维特征，这对推动中国话语研究、提升国家话语质量、建构良好国家形象具有重要启示。

关键词： 合法性；话语历史分析；中国威胁论；国家话语能力；中国形象

1 引言

当今“中国威胁论”伴随着各种涉华事件在西方及其周边国家依然以各种形式或隐或显盛行，且被政治化，2000年以来美国国防部发布的年度《中国军力报告》以及2013年日本新出的《外交蓝皮书》都没有放弃渲染“中国威胁论”。国内对“中国威胁论”的研究也非常多，但并没有有效遏制这一言论的传播；中国国力不断提升，但海外形象却面临危机，据BBC调查，西方国家对中国形象的负面认识近年来呈上升趋势。化解危机、提升国家形象是我们必须面对的。中国的问题必须用中国自己的话语去表达，必须有高质量的国家话语做支撑。如果我们自己不表达，必然被别人表达，只有自己去主动表述清楚，国内外受众才能明白问题的本质，这涉及话语生成（能说出来）、话题（说什么）、表达方式（怎么说）、修辞效果（怎么样）等一系列问题。赵启正（2011）指出，国家修辞是国家话语能力的基本要素；体现国家的核心价值观，影响国际舆论。本文从合法性和话语历史分析视角解构“中国威胁论”话语的生成与传播，提出构建国家话语能力的路径，强调中国话语特色、中国言说方式和思维特征，以确立中国话语的范围、立场和研究视野（施旭，2010），为中国当代社会政治和经济转型期实现话语转型提供理论支持，这对改善、提升国家形象和维护国家安全具有重大意义。

2 “中国威胁论”话语的生成机制

“中国威胁论”是一个言语行为过程，是历史语境与当代现实的综合反映。它根源于19世纪西方殖民主义和文化帝国主义。近30年以来，中国综合国力迅猛提升，使深陷危机的西方发达国家感到恐惧，进而渲染“中国威胁论”。我们只有通过追溯其历史根源，挖掘其生成过程，才能从源头解构这种话语，认清这一论调的本质，为应对这种言论提供理论依据。

2.1 “中国威胁论”的话语历史分析

话语历史分析由话语分析学者伍达克（Wodak）提出。她运用人类文化学的方法将文本分析与社会历史语境相结合，来解读话语和社会结构之间的关系，重点考察话语事件的历时变化，将其置于特定历史语境中使之再语境化 (Wodak, et al., 2002；Wodak, 2002，2006；Wodak & Meyer, 2004；Wodak & DeCillia, 2006)。具体说来，可从话语生成和话语理解两个层面着手。话语生成涉及认知、社会心理和语言三个维度，认知维度指知识和经验，包括人的认知、框架、图式、脚本；社会心理维度指形成个体概念、结构框架和图式的文化、性别、阶级成员、言语情景、个性因素；语言维度则是以上两个维度的语言体现。话语理解受社会心理因素制约，个体根据自己的框架，利用各种策略对话语进行分类、解读、解释。基于话语历史分析，“中国威胁论”的生成有其特定的历史语境，其观念化过程体现了深刻的历史性和现代性。美国不仅是一个地缘上的实体，也是一个政治文化实体，这不可避免地影响其对外政策。美国对自己有一个“例外论”，也就是说，美国有别于其他国家，因为它是由上帝选择的地方。殖民主义和宗教传统是文化和话语生成的重要场域，早期到达北美的欧洲定居者认为，他们是生活在这个“上帝新选择的土地上”的选民，并与上帝有着特殊的关系，“我们必须考虑到我们应该是山上的一座城市，众目仰望我们”（Winthrop, 1977: 24）。西方通过殖民地的他者来界定自身，因此，自然、野蛮、肮脏的他者成了西方认识自己文明、高贵、干净的一面镜子，建构了“我们”与“他们”的社会关系和社会认知，即好与坏，合法与非法，文明与野蛮，自由与独裁（Bhatia, 2009），具体地说，美国优越、文明、善良、先进、理智、正常、清醒，非西方国家则是劣等、野蛮、好战、邪恶、落后、非理性、异常（施爱国，2004: 43）。美国的政治话语中充斥着这种对抗性，1913年伍德罗·威尔逊入主美国白宫，他在总统就职演说中赞扬了美国的社会生活、物质财富和政治制度，然后提醒美国人“邪恶与善在一起”，此后，罗斯福、杜鲁门、里根以及布什父子等人都发表过论述“邪恶的”“他者”言论，特别是20世纪90年代的东欧剧变以及9·11事件后，美国开始确定新的敌人和外来威胁，妖魔化他者和异己，“邪恶”话语不断发展，布什在9·11之后宣扬“不是我们的盟友，就是我们的敌人”的二元分立言论。从2013年2月开始，奥巴马政府联袂《纽约时报》《华盛顿邮报》等媒体以及曼迪昂特网络安全公司共同推出了升级版的“中国威胁论”，宣称中国政府有意对美国展开黑客袭击，威胁西方跨国公司知识产权与国家核心基础设施。

话语是主体间的斗争场所，潜藏着深层次的政治不平等、利益取向和文化殖民。在殖民主义时代，主体的构建、话语实践与帝国总是有着相互生成与对抗的关系，语言是帝国的最佳伴侣（刘禾，2009）。西方主流观点认为扩张是国家的本性，从资本主义崛起的历史经验看，所有大国的崛起都伴随着强权与战争，如英国、法国、德国、日本、美国和苏联在强大之后都对外扩张，实行帝国主义，遵循着富国—强兵—战争—扩张的轨迹。西方文明中的一个逻辑便是实力的增长意味着扩张，因为只有扩张才能带来实力的进一步增长。依此推断，他们认为中国一旦强大便会采取同样的做法：对外扩张，与他们争夺利益与资源，甚至在全世界推行霸权主义。从思维方式看，“中国威胁论”是西方用其历史经验及行为准则来理解中国行为的产物。在这种西方语境中，中国的崛起只能被解读为新一轮霸权争夺的开始，他们无法想象一个国家变强大后不称霸。在此基础上形成的西方国际关系理论都认为伴随着中国综合国力的提高，必然会使得国家间的关系发生权力转移，中国将挑战现有的国际结构，导致国际体系的不稳定乃至爆发战争（释清仁，2012）。西方社会从"强大必称霸"这种历史经验推断出"中国崛起也必称霸"，并最终对美国和世界构成威胁，这种流行话语和主流思想，存在严重的逻辑推理错误（王子昌，2003）。海默（2003）认定中国威胁乃大国政治自身逻辑演绎的必然。"中国威胁论"由话语建构，是西方文化、历史、社会现实与利益、权力共同作用下对中国的一种错误认知方式，是一种大国追求自身权力最大化的话语霸权。

2.2 "中国威胁论"话语的"合法性"解构

话语不仅仅是认知手段，同时也是意识形态工具，话语表述背后有其逻辑结构和权力指向，具有很强的传递性，强化着人们的无意识。福柯（2007）认为，一个社会的话语生成由某种程序控制、选择、组织和分配，由权力所建构。话语作为一定社会秩序的有机组成和建构活动，涉及相关利益，显现、释放并行使着权力，话语的争夺实质上是权力的争夺，话语的拥有意味着对权力的实现。话语权背后体现的是强者对弱者的权力支配关系，是话语博弈。西方扩张500年，国家力量获得"正义"支持，其"普世价值"是力量合法性的依据（李勇，2010）。萨义德（2007）在阐述话语与权力的关系时指出，东方主义是一套话语、权力体系，是为了主宰、改变并统治东方而形成的西式行为。它以知识的形式适应和支持西方殖民扩张的需要，制造出西方优于东方的话语，这种话语为西方侮辱、侵害、征服东方提供了理论根据，为西方施于东方的罪行披上了合法化、正义化的外衣。以话语和文化霸权占领舆论制高点，把西方的价值观、思维方式和检验标准扩展到东方，以此来衡量东方的行为。在东西方交流过程中，东方成了被剥夺了话语权的沉默的他者，完全丧失了为自己辩护的权力。正如马克思在《路易·波拿巴的雾月十八日》中所说："他们无法表述自己，他们必须被别人表述"（萨义德，2007：28）。语言作为一种符号权力（Bourdieu, 2001)，即软权力，可使某种行为合法化。Habermas（1988）认为，语言是各种社会规范赖以存在的基础，是统治与社会权力的媒介，它使组织化的权力关系合法化，在公民社会和政治公共领域的交往过程中，话语成为推动合法化的力量，维护价值及规范。van Dijk（1993: 110）认为，话语和社会现实的关系不是直接的关系，而是以人的认知为中介，思维方式、意识形态和权力关系在微观语言层面体现，在话语中生产、再生产，并被合法化为构建社会实践的资源。政治家们善用话语资源、话语修辞为暴力和战争的合法性和正当性正名，使得暴力行为被认为是必要的。

话语合法性指用解释或证明社会活动的言语为过去或当前行为提供充分理由或可接受的动机，说话人或作者为了使受众信任某话语而采取的各种手段，是对"我们为什么这么做"以及"为什么以这种方式做"的回答(van Dijk, 1998: 255，2007；Oddo, 2011)。主要包括：一、借助价值观，以道德评判意识形态：中国和美国崛起与衰落的背后是一场针对统治模式和价值观优越性的竞争，意识形态是最大冲突。"强大就扩张"的话语框架不断强化着人们的无意识，成为这些国家攫取形形色色国家利益的一种政治、合法性手段。二、借助权威化：某一决议得到该领域权威专家的支持。"中国威胁论"主要由拥有较高声誉、社会地位和教育背景的西方新闻记者、评论家、政客等文化精英共谋而成。三、时间性：假定对未来构成威胁，因而需要采取即时行动。“中国威胁论”只是一种假想、一种修辞手段而已，通过他国经验来预判中国的未来。事实上，中国没有在海外建立军事基地，除联合国维和部队外没有向海外派一兵一卒，更没有占领别国的一寸土地，没有任何国家受到中国的威胁。四、群体分类：把社会行为者分为“我们”与“他们”，通过正面的美国来表征负面的中国形象。

“中国威胁论”话语合法性的话语策略融汇在西方媒体对外报道的三大固定框架中：意识形态框架、利益竞夺框架和人道主义框架（赵启正，2011）。美国著名语言学家、政论批评家乔姆斯基（2001: 204）指出：“美国总是有一种意识形态的攻势，这种攻势是先树立一个幻想出来的恶魔，然后对它发动进攻，将它粉碎。”美国对异己进行干涉时，先对其进行妖魔化，以寻求一种伦理和道德上的合法性。Fitzgerald（1994）说：“把对手在道德上邪恶化是美国外交上的一个传统，并符合美国一贯的国民性。”因此，所谓的“中国威胁论”是为美国霸权的合法性寻找逻辑基础的举措（王义桅、唐小松， 2003）。《社会科学报》2012年4月19日第7版转译了美国外交委员会预防行动中心两位研究员的文章《切莫惊慌，世界比以往更安全》，指出美国政府官员和安全专家长期夸大了外部威胁，当今世界基本上是安全的，但美国政治精英不愿意承认这一事实，最主要的原因是选举政治，大肆宣扬美国面临的威胁可以服务于两党政治的需要和强大的官僚阶级利益，可以使维持庞大的军事和情报预算有据可循，也有利于华盛顿强化解决问题的军事途径。显然，为了强大扩张与利益竞夺，有必要妖魔化中国，有必要让中国形象阴森可怕，创造一个不利于中国的国际环境以遏制中国的快速发展，并为自己的政治军事行为寻找借口。对此，我们要有足够清醒的意识。中国拥有巨大的文化吸引力，要将这些资源转化成现实的“软实力”，这需要我们采取恰当的话语策略，形成中国主导话语特色，在修辞上与西方周旋，从而将潜在的资源转变成现实的“实力”，最终破解“中国威胁论”。

3 国家话语能力的建构

关乎国家法律、政策、事务、利益等方面的话语都是国家话语，“中国威胁论”也是国家话语。国家话语能力指的是进行以传播国家信息、塑造国家形象、解决国际国内事务为目的的国家话语传播行为的能力，包括国家话语权生成或认知国家话语的能力及其在传播中所产生的影响力。从表达方式看，国家话语能力不仅包括书面语能力，也包括口语能力，特别是即兴表达能力、理解能力和瞬时话语调控能力。从话语话题看，国家话语能力不仅包括国内外政策、法规话语的形成能力，也包括对各个国家、民族、社会阶层之间关系的调控能力；不仅关涉国际事务处理中的组织能力、导向能力和策略能力，同时也关涉国内事务处理中的法律政策建构能力、舆情引导和国民心理调控能力以及国民行为的组织动员能力等，是国家执政能力、国家智慧的综合体现（陈汝东 2011: 69）。

当今世界的话语体系依然被西方主导，“中国威胁论”话语行为折射了国际关系的变迁，我们仅仅对该论调进行被动回应是不够的，还需要在全球视野下从理论、方法和实践上加强中国特色话语研究，提升国家话语质量和影响力，让受众能听得懂、听得进去，能广泛接受和认同。这样，中国的崛起才会得到理解，被西方媒体歪曲的中国形象才能得以纠正。

国家话语能力建构是一项复杂的系统工程。下面我们主要从话题与议题的设置、智库建设、国别受众研究和国民公共话语教育四个方面探讨建构国家话语能力的途径。

3.1 创新理念，主动设置话题和议题

话语的构成要素包括：话语所运用的概念、所选择的论述对象或议题、对事实的陈述、对规则的把握、逻辑推理的严谨性与论证方法的科学性、话语所包含的价值观和意识形态等。根据这些话语要素，国家话语能力可以分解为概念的创新能力、议题的设置能力、对事实的说明能力、对规则的制定和把握能力、逻辑性和科学性上的说服能力、价值观和意识形态的被认同度，以及基于上述这些能力之上的话语引导能力（张志洲，2012）。要摆脱西方的价值和框架体系，除了情感语言、道德语言，还需要法律语言，重构易于被国外公众接受的话语框架，包括主题、思维方式、价值评判体系、意象、词汇以及修辞传统，不断地言说，不断地激活其思维，以改变其认知。

话题与议题的设置体现话语权。我们需要主动设置中国话题，借助"上海合作组织""博鳌论坛""金砖国家峰会"等平台发出中国的声音，向世界主动定义自己的发展道路和核心价值观，如"和平发展、合作共赢""和为贵"等，发展自己的优势话语，并参与相关规则的制定或修订，避免被边缘化，为中国赢得国际话语权。此外，还要积极设置国际主流的以及国际公众和他国的话题与议题，如：全球治理、反恐、防核扩散、互联网安全、金融制度改革、区域经济合作与一体化等。过去，我们成功地设置了国际关系议题，从而创新了国际关系理念，主导了国际关系舆论，如：毛泽东的"第三世界理论"，周恩来的"和平共处五项原则""多极世界"等。但由于国际关系的复杂多样性，中国也被定义为非市场经济国家、霸权的挑战者、利益攸关者等，甚至在中美关系上有"中美国"（Chimerica）的定位。这些身份标签有正面的，也有负面的。如果一个国家的身份总是被他国定位、定义，其话语能力自然受到制约。所以，用自己的话语自我定位身份，而非"被定义"，并让这种身份被国际社会接受，这是构建国家话语能力所要解决的首要任务。

3.2 重视智库建设，将国家话语力提升到新的战略高度

智库诞生于20世纪初，经历了从私人顾问到咨询委员会到思想库的过程，全球180多个国家和地区共有6600多家智库，其研究已经渗透到各个方面。当前，中国智库建设处在转型期，趋于"多元化""专业化"和"国际化"。为此，我们可以借鉴国外一流智库的成功经验，打造平台，把培养德才兼备的智库人才纳入党和政府的议程规划。

首先，加强智库建设中的国家话语建设，把国家话语能力建设上升到国家战略工程的高度。通过研究国内外事件尤其是突发事件的国际主流媒体传播模式，把握其话语、修辞传统，并与中国媒体话语进行对比研究，从理论到实践探索如何讲述中国故事，以提高国家修辞力量。

其次，健全公民参政机制，拓宽公民参政渠道，避免一个声音说话。社会舆论和诉求的多元化能拓展国家话语行为的空间，提升其话语行为的有效性；增加政治透明度，逐步完善选举、信访、举报等制度，重视社会公示、听证会、恳谈会等新方式，推广个

人直接与有关政府官员的面对面接触的参政方式，建立公民政策参与和决策采纳制度，努力营造一个良好的公众话语氛围。

再者，设置项目，投入经费。依靠具体项目，使智库建设从隐形转为显形，从软任务转为硬任务；设立有关智库建设的专项资金，以国家或团体名义多渠道重点扶持智库建设工程。

3.3 针对不同受众加强国别和区域研究，提升跨文化沟通能力

受众是影响传播效果的关键环节，“中国威胁论”是因国别、语言、文化差异而造成的矛盾和冲突，隐藏在其背后的意识形态差异是导致国际受众对中国形象进行误读的重要原因。因此，我们必须重视受众，展开不同国家之间的跨文化、跨语言、跨意识形态对比研究，从而提升跨文化沟通能力。

首先，加强国际受众的定位与对比分析。国际受众没有统一、均质性，他们具有多元文化背景，这就要求我国媒体在对外传播时，必须准确定位，找准传播对象，有的放矢。通过国别区域研究，如区分欧美、东亚、东南亚、中东、非洲、南美等，了解其文化特色、思维方式、接受习惯，以及不同国家和地区的话语与国民修辞行为上的差异，采用国际受众认可的方式、国际通行的话语进行传播，对这些国别的政治、经济、文化领域的精英施加舆论影响，同时注重对创造了各类中国形象的文化体系进行对比研究，全方位地洞察语言和非语言符号使用的修辞过程（唐青叶，2013），从而准确把握语言使用者的动机，揭露隐藏在各类中国形象背后的修辞意图，通过修辞来消解国家之间的误解和冲突。

其次，通过海外“孔子学院”，充分利用图书、电影、电视节目、音乐、舞蹈、戏剧以及讲台、会议、论坛等手段，搭建人文公共外交平台，扩大中国文化在不同国别的民间影响力，争取更多受众，通过全方位、多层次的文化对话，尤其是价值观和意识形态的对话，向世界传递中国五千年一脉相承的和谐传统文化，揭示中国倡导建设和谐世界价值观的真谛。

再者，加强国别和区域研究，发挥基础信息提供者和领导决策思想库的双重作用，加深对文化独特性和多样性的理解，促进不同文化间的包容与和谐，为全球化、文化多元化背景下的国家形象和民族身份建构，为国家话语创新和跨文化沟通提供话语策略。

3.4 更新语言教育理念，加强国民公共话语教育

我国国家话语及能力存在一些问题，如即兴公共演说能力有待提高，国家媒体的“国家八股文”现象明显，国民公共话语和国际话语场中存在形式主义倾向，国民话语中表现出较强的民族主义情绪等（陈汝东，2011），这些现象加剧了外部世界对中国的误解。因此，我国国民在国际重大危机事件中如何通过网络话语体现负责任的大国国民的胸襟，如何展示自己的文化素养，这些问题在教育领域鲜有涉及，有必要将其纳入新的学术话语研究范式进行重建。

提高国家话语能力可以从国民教育开始，将国民公共话语纳入国家话语秩序，通过改革课程设置，更新语言、新闻、传播等领域的教育理念，强化话语学、公共修辞学的教学。美国是世界上最重要的“新话语”策源地，“文明冲突论”“软实力”“民主和

平论""负责任的利益攸关方"等概念都来自美国，主导着国际学术话语，美国的国际影响力源于这些新概念，这与公共辩论和国民修辞能力的培育密切相关。在国民层面，美国通过辩论、传播，在大问题上有形形色色的声音，媒体会对重大国际和国内问题进行针锋相对的辩论，大学也训练学生进行尖锐而理性的辩论。我国也需要足够的辩论空间来训练和准备人才，以便能在国际舞台上与其他国家作理性论战，正如美国《外交》杂志网站（2012年3月14日）指出的："美国外交政策领域需要更少的军事专家，更多的能够召集圆桌会议并能主导谈判的人才。"这一理念值得我们借鉴。培育深谙话语生产规则的高明修辞家，提高国民的修辞意识和修辞能力，把维护和构建中国良好国家形象作为每个人的自觉行为。

4 结语

中国形象话语"中国黄祸论""中国崩溃论""中国威胁论""中国责任论"以及"中国模式"是西方社会的一种思维方式和话语实践，中国不断地被定义，其形象不断地被话语所建构。"中国威胁论"是西方传媒在全球范围内"制造"并构建的霸权话语，这与中国的崛起密切相关，实质上也是西方社会基于自身危机意识和利益关系的蓄意渲染。随着国际形势的变化，"中国威胁论"这种话语还会以不同的形式存在、蔓延，如何有效迎接软实力领域的挑战，营造有利于中国和平发展的国际环境，牢牢把握战略机遇，已经成为中国面临的新课题。为此，我们迫切需要加强中国话语研究，探究话语的概念语义和人际语义表征，重构易于被国际公众接受的话语体系，提升国家话语能力，为解决国际纷争和世界和平提供创造性的话语策略。

参考文献

[1] Bhatia, A., The discourses of terrorism[J]. *Journal of Pragmatics*, 2009(41): 279–289.

[2] Bourdieu, P., *Language & Symbolic Power* (6th edition, trans. Raymond G. and Adamson M.) [M]. Cambridge, MA: Harvard University Press, 2001.

[3] Fitzgerald, F., American foreign policy and the rhetoric of history and morality[A]. In Lloyd Kramer, Donald Reid and William L. Barney (eds.). *Learning History in America: Schools, Cultures, and Politics*[C]. Minneapolis: University of Minnesota Press, 1994.

[4] Habermas, J., Law and morality[A]. In S. M. McMurrin (ed). *The Tanner Lectures on Human Values* (Volume 8)[C]. Salt Lake City: University of Utah Press, 1988.

[5] Oddo, J., War legitimation discourse: Representing "Us" and "Them" in four US presidential addresses[J]. *Discourse and Society*, 2011(22): 287–314.

[6] Wodak, R., The discourse historical approach[A]. In Ruth Wodak and Michael Meyer (eds). *Methods of Critical Discourse Analysis*[C]. London: Sage Publications, 2002.

[7] Wodak, R., Critical linguistics and critical discourse analysis[A]. In Jef Verschueren and Jan Olastman (eds). *Handbook of Pragmatics*[C]. Amsterdam: John Benjamins Publishing Company, 2006.

[8] Wodak, R. and M. Meyer. *Methods of Critical Discourse Analysis*[M]. London: Sage Publications, 2004.

[9] Wodak, R. and G. Weiss., Visions, ideologies and utopias in the discursive construction of European identities: Organizing, representing and legitimizing Europe[A]. In Martin P., Jo Anne Meff, van Aertselaer and Teun A. van Dijk(eds.). *Communicating Ideologies: Multidisciplinary Perspectives on Language, Discourse, and Social Practice*[C]. Frankfurtam Main: Peter Lang, 2004.

[10] van Dijk. T., Discourse and cognition in society[A]. In D. Crowley and D. Mitchell (eds.). *Communication Theory Today*[C]. Oxford: Pergamon Press, 1993.

[11] van Dijk, T., *Ideology*: *A Multidisciplinary Approach*[M]. London: SAGE, 1998.

[12] van Leeuwen, T., Legitimation in discourse and communication[J]. *Discourse & Communication*, 2007(1): 91–112.

[13] Winthrop, J., A model of Christian charity[A]. In Ronald Gottes et al. (eds.). *The Norton Anthology of American Literature* (Volume 1)[C]. New York: W. W. Norton & Company, 1977.

[14] 陈汝东. 论国家话语能力[J]. 北京大学学报（哲学社会科学版）, 2011(5): 66–73.

[15] 福柯. 谢强，马月译. 知识考古学[M]. 北京：三联书店, 2007.

[16] 约翰・米尔斯・海默. 王义桅，唐小松译. 大国政治的悲剧[M]. 上海：上海人民出版社, 2003.

[17] 胡范铸，薛笙. 作为修辞问题的国家形象传播[J]. 华东师范大学学报, 2010(6): 35–40.

[18] 李勇. 西欧的中国形象[M]. 北京: 人民出版社, 2010.

[19] 刘禾. 帝国的话语政治——从近代中西冲突看现代世界秩序的形成[M]. 北京：生活・读书・新知三联书店，2009.

[20] 刘永涛. 语言、身份建构和美国对外政策话语中的“邪恶论”[J]. 国际观察, 2005(5): 31–38.

[21] 诺姆・乔姆斯基. 徐海铭，季海宏译. 新自由主义和全球秩序[M]. 南京:江苏人民出版社, 2001.

[22] 爱德华・萨义德. 王宇根译. 东方学[M]. 北京：生活・读书・新知三联书店, 2007.

[23] 释清仁. 从容淡定应对“中国威胁论”[N]. 中国青年报. 2012-04-06.

[24] 施爱国. 傲慢与偏见——东方主义与美国的“中国威胁论”研究[M]. 广州：中山大学出版社, 2004.

[25] 施旭. 文化话语研究[M]. 北京：北京大学出版社, 2010.

[26] 唐青叶. 话语政治的分析框架及其意义[J]. 阿拉伯世界研究, 2013(3): 94–106.

[27] 唐小松. 从世博会看中国防御性公共外交[J]. 公共外交季刊, 2010(2): 27–33.

[28] 王义桅，唐小松. 国际政治就是大国政治——美国学者提出另一种“中国威胁论”[N]. 环球时报, 2003-03-14.

[29] 王子昌. 解构美国话语霸权——对“中国威胁论”的话语分析[J]. 东南亚研究, 2003(4): 46–50.

[30] 张志洲. 提升学术话语权与中国的话语体系构建[J]. 红旗文稿, 2012年第7期.

[31] 赵启正. 公共外交与跨文化交流[M]. 北京：中国人民大学出版社, 2011.

The Generation Mechanism of China Threat Theory Discourse and the Construction of China’s Discourse Ability

Abstract: This paper, working within the theories of legitimization and Discourse Historical Analysis with its focus on the data of China Threat Theory by Western countries, explores the history of China Threat Theory and its generation mechanism to deconstructs its legitimization, aiming to expose the nature of the western dominant discourse, and the political inequality, interest orientations and cultural colonialism behind the Threat discourse. Through deconstruction of Western mainstream discourse system, it explains the historical and modern nature of the Western conceptualization. As a result, it proposes the ways for constructing China’s discourse ability, and highlights the discourses with Chinese characteristics, Chinese discourse methods and Chinese thinking features, which have important implications for improving Chinese discourse studies, discourse quality and the building of China image.

Key Words: legitimization; Discourse Historical Analysis; China Threat Theory; China’s discourse ability; China image

作者简介

唐青叶，女，上海大学外国语学院、上海大学全球学研究中心教授，博士，博士生导师，研究方向：话语分析。

电子邮箱：qingyet@shu.edu.cn。

构建法治中国话语体系，完善国家治理能力

张鲁平

摘　要： 构建法治中国话语体系，是建构、完善和传播中国特色社会主义理论，树立理论自信、道路自信和制度自信的重要方略。

本文拟从法学、哲学、修辞学及新闻传播学等多维层面透视全球融合语境下法治中国话语体系的内涵、构成，分析在其构建过程中存在的问题与成因，提出法治中国话语体系建构、话语能力提高及其研究架构与相应的战略对策。

关键词： 法治中国话语体系；国家治理；国家战略

1 引言

现代意义上的“话语”研究起源于20世纪中叶的美国，主要以“话语分析”为基本学科形态，20世纪70年代末传入我国。近年来，话语研究在我国的政治、经济、文化等领域均得到蓬勃发展，成为横跨人文社会科学诸多领域的术语。2006年有学者提出“建设有中国特色的话语学体系”（施旭，2006）。在此之后，我国的话语研究范式开始呈现出新的趋势，具体表现在“从话语内部走向话语秩序、话语文化和话语文明，从个体或群体话语走向国家话语，从国内话语走向国际话语”的趋势。与之相对应，法治中国话语的研究视角也逐渐由微观的学术层面向“法官庭审的语用策略、成因”“判决书的可接受性”等拓展，并逐渐成为具有广泛社会意义的术语。

2 国家话语体系建构：一种国家战略

2013年11月12日，《中共中央关于全面深化改革若干重大问题的决定》提出：加强国际传播能力和对外话语体系建设，推动中华文化走向世界。2013年12月，习近平总书记在全国宣传思想工作会议上指出，要加强国家话语体系建设，增强国际话语权，“着力打造融通中外的新概念新范畴新表述，讲好中国故事，传播好中国声音”。这表明，建构国家话语体系已成为一种国家战略，具有重要的战略意义、理论意义和实践意义。

首先，建构国家话语体系有利于提高我国的软实力，完善国家治理能力尤其是全球治理能力，因为国家话语能力建设是国家治理体系在话语层面的集中体现，也是我国全球治理能力的有机组成部分。其次，它为中华文明特别是当代中国文明的全球传播提供模式、范畴与框架。以之为蓝本，我国全球话语体系的路线图也呼之欲出。再次，国家话语体系研究有助于国家话语主体的国家意识、话语能力培养，有助于国家修辞能力的提高。国家话语体系建构研究，摆脱了话语分析范式，从哲学、语言学范畴拓展到外交、法治、传播以及文化和文明领域，上升为国家行为，为国家传播和发展提供一种系统的整体方略。

那么什么是国家话语体系？在2001年，就有学者提到“国家话语”“国家话语体系”“民族国家话语体系”等话语，但研究仍较零星，缺乏体系性。陈汝东认为：“国家话语是一种以传播国家信息、塑造国家形象、提升国家软实力、解决国际国内问题为目的的国家传播行为。”国家话语体系是一个国家政治、经济、文化、教育、科技、学术、外交、贸易等实力的媒介表达形态，是一个国家作为话语主体在国内外乃至全球行使国家主权进行国家传播的行为系统。中国国家话语体系是中国国家意志和国家价值在当代的重新表述，是中国国家治理能力、全球治理能力的重要实践和表达形式。

目前我国的国家话语体系建设、国家话语能力研究呈现出以下特点：（1）由语言学向政治、法律、传媒领域拓展。2008年12月胡锦涛同志就提出“积极构建现代传播体系，进一步提高国内国际传播能力”。（2）向学术话语领域，特别是哲学社会科学领域拓展，雒树刚等就指出：构建中国哲学社会科学话语体系，必须以马克思主义为指导，必须植根于中国特色社会主义实践，把握古与今、中与外的关系，要处理好学术话语、政治话语、群众话语的关系。（雒树刚，2013）（3）向国际话语体系、全球话语体系建构发展。有学者提出要建构全球传播能力的模型，培养全球思维方式、展现地域文化。

3 法治中国话语体系：国家话语体系建构的重要途径

法治中国话语体系是国家话语体系的重要组成部分，包括话语主体及话语能力两个方面。话语主体包括国家媒体、法官、律师、检察官、当事人、政府官员及国民。话语能力是指话语主体建构和理解法治中国话语、扮演话语角色、表述法律思维、传播法律文化的实力。法治话语能力既包括对国内政策、法规话语的形成能力，也包括在法律实务中对各方当事人之间关系的调控能力；既包括处理法律问题中的话语组织能力、导向能力和策略能力，也包括国内事务处理中的法律政策话语建构能力、舆情引导和国民心理的话语调控能力，以及通过话语对当事人行为实施的组织动员能力等，是国家智慧、国家法治能力在话语层面的综合表现。

提高全球语境下的法治话语能力，提高我国法治文明的传播能力，应重视全球语境建构、话语主体培养、话语信息生产、话语体系建构等战略对策。

3.1 全球语境建构战略

加强全球法治传播环境建设，塑造全球汉语环境，培养中国法治文化受众环境，重视国际受众信息需求，充分考虑国际受众的民族文化心理需求，建设兼顾世界文化、传播中国当代本土法治经验和中华法治文化传承的信息生产和消费市场。《中共中央关于全面深化改革若干重大问题的决定》中指出：“面对新形势新任务，全面建成小康社会，进而建成富强民主文明和谐的社会主义现代化国家、实现中华民族伟大复兴的中国梦，必须在新的历史起点上全面深化改革，不断增强中国特色社会主义道路自信、理论自信、制度自信。”显然，在中国国家话语体系建构中，增强汉语语言环境自信，是践行上述三个“自信”的重要表现之一。我国历来十分重视国际汉语环境建设，特别是改革开放以来，汉语国际教育的规模空前壮大。以“孔子学院”为例，自2004年至今，我国先后在数百所国外大学建立了旨在传播汉语和中华文化的“孔子学院”“孔子课堂”。据统计，目前已建立“孔子学院”440所、“孔子课堂”646个，总数超过1000个，覆盖了五大洲的120个国家和地区。“孔子学院”的建立标志着我国的国际汉语教育成为长远的国家战略，这将大大改善我国的全球汉语传播环境。与此同时，“孔子学院”中也应增设有关中华法治文化、当代中国法治建设成果的相关课程，提升国际受众对法治中国建设相关成就的了解。现阶段以合作共建的模式在国外知名大学的法学院设立中国法律研究机构具有可行性，即借鉴“孔子学院”的模式，由中方大学牵头，与国外大学法学院合作，并由中方派出学者，以中心为阵地，在国外开展中国法律化的推广与传播。此类中心成立后，可以开展以下几项工作：（1）课题研究。中心的中外中国法专家就中国当下的热点法律问题展开研究，并在有学术影响力的刊物、期刊上发表或集册出版；（2）招生教学。吸收一定数量的学生在中心从事侧重于中国法研究领域的学习，并在法学院开设中国法专题课程；（3）学术访学。定期以中心名义邀请中国法学专家讲学、学术访问；（4）搭建平台。以学术平台带动国内外企业、政府机构之间的法律互动，举行研讨会、咨询会、互访等活动，实现中外法律的交流。无论哪一项工作，中国法研究机构的设立都可成为中外法律交流的高端平台。

3.2 话语主体培养战略

打造法治中国全球传播的主力队伍，实行媒介体系的内外融合、队伍建设的内外融合，培育公共传播队伍，使本国民众、国际受众发挥法治中国的话语主体的作用。在国外媒体宣传报道中，我国法律领域的一些软肋成为了外媒关注的焦点。比如在2010年薛峰案的报道中，《华尔街日报》称（*China Sentences U.S. Geologist in Secrecy Trial*, 7/6/2010）：“中国对涉及国家安全的数据非常敏感，尽管北京方面对秘密信息的定义仍然模糊不清”，而薛峰经历了“延长羁押”“快速审判”等不正当司法程序。而对该案中所涉程序的法律含义及其适用原则却闭口不提。显然，国际媒体在对中国（大陆）法律案件、法治状况的报道，以批评中国法律定义不清、审判程序不公为切入点，包含明显的政治倾向，歪曲、误解很多。有鉴于此，中国法律新闻传播宜立足国内媒体打造跨领域、跨国界的报道团队。

3.3 话语信息生产战略

转变法治话语生产理念、改善传播方式和方法，以信息服务为导向，以本国民众、各国受众的心理需求为基础，进行法治话语信息生产和销售。如此，才能提高法治中国话语传播的质量，满足受众的信息需求，实现信息生产与消费的双赢。国际知名大学的法学院对社会和公众舆论均具有较强的影响力，在法治中国话语的传播与塑造中，学术界是重点关注对象。目前只有耶鲁大学、哥伦比亚大学、密歇根大学、纽约大学、早稻田大学等少数国际知名高校设有中国法研究中心（所），许多大学还缺少专门的中国法律研究机构。因此，为促进法治中国话语体系的构建，特别是传播法学学术研究和法律理念，我们应从源头入手，借鉴“孔子学院”的模式，与国外大学法学院合作，建立中国法研究中心，在国外生产传播法治中国话语。

3.4 话语体系建构战略

要树立全球传播战略意识，完善我国的全球话语体系，加强法治中国媒体体系建设，整合现有媒体资源、改革运营体制、实现媒介融合、增强国际话语权，构建全球一流法治媒体，提高全球治理能力。在法治传播中应采取更加开放和透明的姿态，构建多层次的法治理念传播体系，建立与外国主流媒体的直接沟通。同时，新媒体是现阶段信息传播、信息共享的有效手段，对外宣传中可以通过网络传播的力量，在有争议性的议题中，发挥“意见领袖”的作用，制造东方话语优势，直接深入到西方民众的社会生活和讨论中去，改变过去由单一宣传和外媒主导塑造的中国国家形象，在国际社会中赢得舆论主动权。

法治中国话语体系建构，是国家话语体系建构的重要组成部分，必须上升到国家安全高度。当今世界，单纯依靠武力征服他国、掌控世界的时代已经过去；通过资本实现经济繁荣的时代也面临重大危机。通过科学技术和文化，占领全球制高点的时代已经来临。美国前国务卿基辛格在《论中国》中对中西文化的话语体系差异有如下论述：“许多文化，起码所有的西方文化，都凭借统治者与被统治者一定的亲民关系来维系统治者的权威。所以，雅典、罗马以及多数西方多元国家才认为雄辩术是治国的资产。中国没有重视口才的一般传统（毛泽东可以说是个例外）。传统上，中国领导人的权威并不在乎雄辩术或与百姓的接触。依据中国的仕宦传统，为官者基本不露面，全凭政绩服人。”而在全球化趋势日益加剧的今天，加强法治中国话语体系建设，增强国际传播能力，特别是国家话语能力，成为完善我国国家治理能力的重要举措与关键领域之一。

4 法治中国话语体系：话语体系研究的新领域

如何开展法治中国话语体系研究呢？又应采取怎样的策略呢？法治中国话语体系研究，首先应廓清法治中国话语体系及其与国家话语能力之间的关系；界定法治中国话语体系的内涵、外延及构成；剖析法治中国话语体系及其与国家传播能力、国家话语能力的内在联系。

其次，对我国的法治话语体系的现状、问题进行调查、分析，对国际传播能力，特别是传播队伍、传播主体的国家话语能力进行调研，摸清我国际传播队伍的基本构成及其话语能力现状、问题，特别是国家媒体、政府、人大及法院等的发言人的话语能力。

再次，对法治中国国际传播中的话语文本进行话语分析、修辞分析，与所在国家的法治文本进行比较分析，建构中国法治话语国家能力模型和运行机制，总括我国法治话语能力、法治话语体系运行效率提高的战略对策。

最后，探讨上述策略在我国全球话语体系中，特别是语境、媒体、机制、观念、受众、信息生产与消费、修辞手段、话语风格、叙事等的结构中的具体应用，建立我国法治话语的叙事结构模式、修辞推理模型，使之与法治话语体系形成通联对应网络。

在法治中国话语体系研究中，应采取哪些具有针对性的方法呢？综括国家话语体系研究的现状，我们认为，应主要采取以下理论和方法：

（1）大数据分析法和问卷调查法。法治中国话语体系研究应组成国际研究团队，汇总、整理各国的媒体大数据，分析我国国家法治文明在该所在国和地区的传播情况。

此外，对我国传媒在所在国家的落地情况进行调查，并制作受众问卷，在该国、该地区对我国法治的传播情况和传播能力、话语效果开展调查，评价我国法治话语体系传播的效果及存在的问题。

（2）话语文本分析和修辞分析法。运用话语学的分析方法，建立受众国别、民族、文化心理、信息需求、信息性质、叙事结构、话语风格、媒介方式等综合分析框架，分析上述因素与传播效果之间的对应关系；运用修辞学的修辞推理理论，将我国对外传播法治话语的文本结构、叙事逻辑与所在国家的话语文本进行比较分析。

（3）受众认知分析法。在国家话语体系研究中，应选取亚洲、欧洲、非洲、美洲、大洋洲有代表性的国家和地区进行受众群体的阶层取样，分析所在国家和地区的受众心理特点及其信息需求和信息消费习惯，提高法治话语信息生产的针对性，提高传播的质量和效率。受众认知分析法的运用，既有认知心理学、社会心理学的理论基础，也具有古代修辞学的理论依据。我国先秦诸子的修辞思想中就蕴含了受众分析的成分，比如孔子、鬼谷子的相关学说。

（4）文献综合分析法。运用国内外已有的国家话语体系、国家传播能力、法治话语能力研究的成果，概括国家话语体系建设、国家传播能力增强、法治话语能力提高研究的历史、现状和趋势，从理论上概括提高法治话语建设的战略对策。

以上探讨表明，法治话语体系研究为法学、哲学、传播学等的研究，开辟了新的学科发展空间，开辟了重要的学术创新之路。这主要体现在以下方面：

（1）研究角度具有创新性。法治中国话语体系研究，运用法学、哲学的理论与方法，结合传播学的实践，对国家话语体系、国家传播能力，特别是法治话语能力的建构进行了深入研究，凸显了实际的话语分析，有助于提升法治话语能力。

（2）研究内容具有创新性。国家话语体系研究，以全球传播为背景，以我国的全球传媒体系建构、国家传播能力提高为立足点，以法治话语能力为切入点，重点剖析我国在全球体系中建构法治话语能力的战略对策。研究对象与内容新颖，具有创新性。

（3）研究方法具有创新性。法治中国话语体系研究，采取的理论包括话语文本分析、修辞推理分析、叙事结构分析等方法，同时结合新闻学、传播学中的受众理论，较之于现行的法治话语体系中采用的单纯法学及其他学科的理论与方法具有创新性。

（4）研究成果具有创新性。国家话语体系研究所揭示的建构法治中国话语体系、增强法治话语能力的战略对策，是具有创新性的战略构想。此外，建构全球汉语传播环境、培养国际汉语受众；培养国家公共传播队伍、提高我国国民的法治话语能力，提高传播意识，使之成为对外传播的生力军；树立信息服务理念，以传播对象国家受众的信息需求为指向，为国际受众提供信息产品服务，培育国际公共传播力量，使其成为中华法治文化传播的有生力量；提高我国国家媒体、领导人、法律工作者、政府工作人员等各类法治话语主体的国家修辞能力，使之掌握西方媒体的常用修辞手段与方法，洞悉西方媒体的叙事方法与话语建构习惯，等等，都具有创新性。

综上所述，国家话语体系是一个国家文化和文明的重要表达系统和在全球语境下的话语表达。建构中国的国家话语体系，是建构和完善社会主义理论的重要方略，而提高法治中国话语能力则是践行社会主义核心价值观的重要途径之一。法治中国话语体系研究为法学、新闻传播学、话语学等开辟了新的学科发展空间。大力加强法治中国话语研究，是当代哲学社会科学工作者，特别是法学、哲学、新闻传播学、话语学工作者责无旁贷的迫切任务。

参考文献

[1] 施旭.中国话语研究的发展策略[J].浙江大学学报（人文社会科学版），2006(4):53–54.

[2] 黄子东.评介Pinker的《语言本能》[J].现代外语，1998(1):93–107.

[3] 陈汝东.论国家话语能力[J].北京大学学报（哲学社会科学版），2011(5):66–73.

[4] 雒树刚.大力推进哲学社会科学话语体系建设[J].中国社会科学报，2013-12-18.

[5] 刘延东.携手促进孔子学院事业发展、共同谱写中外人文交流的新篇章——在第八届孔子学院大会开幕式上的主旨演讲，孔子学院总部、国家汉办网，2013-12-07.

[6] 中共中央关于全面深化改革若干重大问题的决定（2013年11月12日中国共产党第十八届中央委员会第三次全体会议通过）[J].求是，2013(22).

[7] 吴志攀.当代中国法律领域价值理念的国际传播问题浅析[J].中国高校社会科学，2013(3):133–142.

How to Enhance China's Governance Capability: Building up a Chinese Discourse System under the Rule of Law

Abstract: Building up a Chinese discourse system under the Rule of Law ("CDSRL") is a cardinal strategy concerning on the publicity of the socialism with Chinese characteristics.

The paper endeavors to explore the contents and structure of the CDSRL through analyzing the major issues hindering its construction and application. Then, it proposes several methods on enhancing the CDSRL and major research fields for further studies.

Key Words: Chinese discourse system; state governance; national strategy

作者简介

张鲁平，法律语言学博士在读，中国政法大学外国语学院英语系副主任、中国政法大学法律英语教学与测试研究中心研究员、语言与证据研究中心兼职研究员。近年先后主持参加国家社科基金、省部级项目10项，在ISSHP、CSSCI等权威期刊发表论文5篇。

电子邮箱：lupingz@cupl.edu.cn。

少数民族新闻传播的社会功能及学科建设

颉颃

摘　要： 少数民族新闻传播有其特殊的受众、语言媒介及所处的社会环境，除具有一般新闻传播的社会功能之外，还要起到维护民族团结、发展地区经济、传承民族文化的特殊功能。当前我国的少数民族新闻传播研究及学科建设需要进一步加强，民族地区应发挥优势，与各高校和研究机构搭建研究平台，构建系统的少数民族新闻传播学教育体系，建立跨学科的教育研究队伍，培养能力全面的少数民族新闻传播人才。

关键词： 少数民族新闻传播；社会功能；学科建设

1 新闻话语的功能

1.1 话语分类

话语是人们在社会生活中沟通的主要工具，从人们之间简单的交谈到社会媒体的宣传、教育以及经济活动等都需要通过使用话语来实现。话语的沟通功能既表现在对外部环境的客观描述中，也表现在个体对主观态度的表达中。话语分析是与语境分析相关的语言研究，语境影响着话语的运用和理解。

施旭根据话语研究的目的或侧重点的不同，将话语分成三大类：（1）从社会关系的角度区分“社群话语”：私人话语、公众话语；个人交际话语、群体交际话语。社群话语往往是为了便于研究不同社会关系之中及其之间的话语情况。（2）从社会行业范畴的角度区分“行业话语”：政治、经济、外交、教育、新闻、媒体、大众文化、法律等行业话语。行业话语一般是为了探索社会行业中的话语运作规律或对行业中出现的问题进行审视和评价。（3）从具体事件、具体话题或具体社会文化问题出发区分“问题话语”（施旭，2006）。

1.2 新闻话语功能分析

新闻话语是以新闻信息为主要内容，采用特定的表达形式、话语类型向受众传播最新信息的话语形式。从语境角度进行话语分析是把话语结构与话语的社会环境、话语主体、认知等因素综合起来进行分析。新闻内容以及话语形式在报道中受到社会环境和社会意识形态等的约束。

新闻媒体拥有话语生产的大量资源和权利，它的舆论引导作用可以将其意识形态渗透到社会的各方面，各类传播媒体运用各自特定的方式对社会环境施加影响。虽然价值观的多样性决定了新闻话语的多元性，但就新闻的基本要求而言，新闻话语必须建立在客观的基础上，这在客观上决定了新闻话语的特殊性。新闻话语具有客观、准确、精炼等特点，这样的话语形式属于描述性话语，实现话语的显示功能。同时新闻话语在表现不同事实的倾向性方面具有特殊的功能，即新闻话语在使用中会受到话语使用者的主观影响，体现个人观点与职业表达，以实现对受众的价值导向。在特定的观点与视角下，通过话语表达观点，其话语形式是建构性话语和暗示性话语，话语目的以表现情感意念为主，实现话语的讲述功能。

2 我国少数民族新闻传播的特点

少数民族新闻传播的任务是要及时、准确地向社会传达党和国家的民族政策，反映民族地区的发展、进步，展现民族团结的成果，提高民族成员的国家认同，为决策部门提供建议，促进民族地区的全民稳定发展。少数民族新闻传播区别于一般意义上的新闻传播，是因为少数民族新闻传播具有民族性特色，即受众的话语方式、社会环境、文化习俗、传播区域、经济生活等具有民族性特色。

我国少数民族新闻传播的特点，首先是受众不同。少数民族新闻媒体的受众不同于我国的主流大众传媒，它主要面向少数民族地区的成员。我国是多民族国家，56个民族有不同的语言、文字、风俗、信仰。进行新闻传播要了解和尊重当地民族的文化习俗、宗教信仰，传播信息的同时要做到传承和保护民族文化。其次，使用的语言不同。我国的少数民族语言种类多样，据统计，到2014年，全国55个少数民族共使用72种语言，29个有文字的少数民族共使用54种文字。我国少数民族地区大多是多民族聚居区，因此少数民族新闻报道需要使用当地的少数民族语言文字作为传播新闻信息的载体或工具。居住在少数民族地区的人口既有少数民族，也有汉族。少数民族新闻传播就要兼顾民族语言和汉语，使政策宣传和信息服务做到社会全覆盖。随着社会的发展，越来越多的少数民族人口从大山、牧区来到城市生活，少数民族语言的种类、使用范围逐渐减少，汉语逐渐成为社会生活中常用的语言，汉语新闻报道受众当中少数民族的比例逐渐增加。因此少数民族新闻传播应包括以民族语言为媒介的少数民族地区新闻传播和以汉语为媒介的少数民族民族地区新闻传播。最后，社会环境不同。由于地理和历史的原因，全国的边疆地区有31个民族跨境生活，跨境民族总人口约为6600万人，占我国少数民族总人口的57.9%。境外敌对势力利用跨境传播在跨境民族中的影响成为破坏国家安定团结的不稳定因素。如吉林省延边朝鲜族自治州的一些边境村寨，能收听收看到40多个国外的电视及广播节目，西藏的边境地区能收听到70多个国外频率的广播节目，20多个频率的语言使用藏语。我国少数民族地区新闻传播面临艰巨的挑战，民族新闻传播要在民族地区增强话语权，研究适合我国国情的新闻话语策略，将民族认同与国家认同进一步统一。

3 少数民族新闻传播现状

我国的少数民族新闻传播事业兴起于20世纪初，经过一个世纪的发展，逐渐进入繁荣期，改革开放为少数民族新闻传播提供了更大的发展空间，逐渐形成了不同语种、不同形式的民族新闻传播，其受众广泛、内容丰富，在进行政策宣传、维护社会稳定、促进经济发展和民族团结等方面发挥了重要作用。在民族自治地区，少数民族的语言文字与汉语一样受到尊重，风俗习惯和宗教信仰得到保护，少数民族地区逐渐建立了形式多样的民族语言和汉语新闻机构。到2013年，全国有19种少数民族语言报纸，30种少数民族语言广播节目，地方电视台300多家。

相较于我国的新闻传播发展，少数民族新闻传播起步晚，专业技术、人才培养等方面仍需提高。当前存在的不足主要有：

（1）政治报道口号化，思想导向作用不强。少数民族新闻传播具有更强的政治性和严谨性，其原因一方面是由于少数民族地区特殊的社会、地理和历史因素，另一方面由于少数民族地区的发展是国家整体战略的重要组成部分，民族地区的新闻的敏感性使得媒体报道更加慎重，甚至回避敏感问题。长期以来，民族地区的主流媒体主要报道和宣传民族区域自治政策，传播方式单一，新闻话语多采用口号形式，报道内容与少数民族实际生活差距较大。民族语言媒介的传播形式少，传播范围小。这些都制约了少数民族地区新闻传播的话语权。

（2）少数民族新闻传播缺少民族特色。民族新闻区别于一般新闻传播之处在于其民族性，少数民族新闻的民族性体现在报道少数民族地区社会生活的各个领域。长期以来，少数民族新闻报道中的民族性大多集中在民族政策、民族风情、历史人文等方面。在政治、经济等方面的报道趋同于国家大众媒体的方式，缺乏民族特色。我国的少数民族从服饰到居所、从歌舞到信仰都有各自的特色，但多数民族地区新闻媒体的报道形式、设计与非民族地区的新闻报道基本相同。少数民族地区媒体需要利用现代技术开辟具有民族特色的栏目，树立新时期优秀的少数民族形象。

（3）少数民族新闻机构缺乏核心竞争力。改革开放之后，新闻机构实施市场化经营管理方式，新闻机构间的竞争更加激烈，报纸或节目的发行、广告收益都与传播环境、受众范围有很大关系。一些少数民族地区的新闻机构仍存在技术设备落后、缺乏专业的管理与新闻人才等问题。尤其是地方媒体，受当地经济条件的局限，社会影响力较小。此外，少数民族语言传播的受众有限，且有进一步减少的趋势。民族地区新闻传播业需要适应新形势，掌握新技术，以提高少数民族新闻的影响力。

4 提高少数民族新闻传播的社会功能

少数民族地区新闻媒体对于当地的经济社会发展有巨大的推动作用，信息沟通带动了民族地区的社会进步。新闻媒体长期以来促进各民族文化沟通，让全国人民甚至世界人民了解中国少数民族的历史文化。随着社会的进步与发展，民族地区的矛盾和融合成为国家稳定发展的重要因素，新闻传播的作用日益增强。近年来，新闻传播在民族地区建设和一些突发事件的报道中，成为政治导向和政策宣传的主力军，推动了民族团结与社会和谐发展。少数民族地区新闻传播不仅要成为民族政策的发布平台，还要成为宣传民族文化、民族真实形象的平台。

4.1 提升少数民族新闻传播的话语权

国家主流媒体要立足于当地文化和社会环境，加强舆论引导和传播能力，明确开放、积极主动的传媒思想。面对影响社会稳定的事件时，少数民族新闻媒体要及时、准确地进行报道，根据少数民族新闻传播和舆论引导的特殊规律，进行正确的舆论引导，运用符合民族地区的传播手段，掌握民族地区重大事件话语权，加强民族地区舆论引导的先进性。

4.2 构建各民族的政治认同和国家认同

马林诺夫斯基认为，“民族认同”的概念是“认同”含义在民族研究领域内衍生出来的（白润生，2008）。Carla认为民族认同（ethnical identity或national identity）是指个体对本民族的信念、态度以及对其民族身份的承认，这种群体水平上的认同包括群体认识、群体态度、群体行为和群体归属感四个基本要素（贺金瑞、燕继荣，2008）。迈尔威利·斯徒沃德认为，民族认同是指某一民族共同体的成员将自己和他人认同为同一民族，对这一民族的物质文化和精神文化持接近态度（迈尔威利·斯徒沃德，2001）。庄锡昌将民族认同分为广义和狭义两个方面：广义的民族认同指对某一主权民族国家的认同，即国家认同；狭义的民族认同指一个国家内部的各个民族对各自民族文化的认同，即族群认同（庄锡昌，1987）。国家认同指一个国家的公民对自己祖国的历史文化传统、道德价值取向、理想信仰信念、国家政治主权等的认同（施旭，2008）。国家认同使每个公民、民族明确自己的所属国家，同时自觉地将个人、本民族的利益归属于国家利益，形成捍卫国家利益、主权的凝聚力，这种凝聚力是国家稳定和发展的重要力量。明确了公民身份和公民与国家之间的联系，每个成员都会关心、维护国家的利益。

历史经验证明，一个国家只有当民族认同与国家认同统一时，国家才能繁荣发展；当民族认同与国家认同背离时，国家就会分裂动荡。民族认同与国家认同之间既有统一性，又有矛盾性。作为一个多民族的国家，我们必须正视民族认同与国家认同的矛盾性，在民族认同的基础上正确处理民族关系与民族矛盾，实现各民族共同进步发展。少数民族地区新闻媒体可以充分发挥传播优势，鼓励带动各民族人民积极参与政治活动，加强全国各民族的政治认同和国家认同，维护民族团结。

4.3 弘扬、传承民族文化

我国的少数民族地区，民族人口分布不均，有些地区少数民族人口占多数，有些地区汉族人口居多。民族地区的少数民族语言种类多，文化习惯差异大。少数民族新闻报道要涉及各民族的语言、文化、习俗等，采用多种语言媒介、多种传播方式进行宣传，做到尊重民族文化习惯，满足民族地区新闻受众的需求。同时，内容丰富、形式多样的新闻报道可以极大地促进各民族优秀文化的传播与保护。

4.4 维护社会稳定，服务民族地区社会生活

由于当前国内外形势复杂，加强意识形态领域的引导工作显得尤为重要。一些国外的敌对势力利用边疆地区的跨境民族扩大反动势力，宣扬分裂、破坏中国国家统一的反动思想。少数民族新闻媒体应成为维护民族团结的中坚力量，发挥地区影响力的优势，把各民族的思想统一起来，共同抵制破坏国家统一的活动。同时，少数民族新闻媒体在服务当地社会生活方面有着特殊的优势，很多地方媒体推出了百姓服务、便民热线、生活百科等栏目，贴近百姓生活。

5 构建少数民族新闻学

5.1 构建少数民族新闻学的必要性

当今社会，民族问题已成为影响各国发展的主要因素，新闻传播在解决民族问题中的导向作用逐渐显现，少数民族新闻传播研究的学术价值及学科建设的现实意义更为凸显。我国的新闻学研究大多借鉴西方的传播理论，缺乏中国特色的研究成果，主流新闻传播的理论已不能满足少数民族新闻传播研究的实际需要，新形势下我国新闻研究迫切需要开辟新的领域，建立系统的少数民族新闻学研究框架和理论，开辟中国特色的新闻传播学研究。

缺少专业人才是制约少数民族新闻事业发展的关键问题。在近年来针对民族地区暴乱新闻的报道中，少数民族新闻报道与国家主流媒体的报道从内容到数量基本一致，民族地区主流媒体和学者的观点甚少，其原因除了“敏感性”之外，更重要的是缺少民族新闻传播的权威机构和专业人才，不能有效地实现二级传播。

中国少数民族新闻史的研究始于20世纪80年代初，1981年内蒙古日报社新闻研究所成立，之后相继成立了内蒙古自治区新闻学会和新闻工作者协会，出版了《新闻论坛》（汉语版和蒙文版）、《民族新闻探索》《论民族新闻》《中国少数民族文字报纸概略》等刊物和书籍，开启了我国少数民族新闻史的研究。20世纪90年代，白润生撰写了《中国少数民族文字报刊史纲》《民族报刊研究文集》《中国新闻通史纲要》等专著，受到中国新闻史学界的关注，高校新闻史教材中增添了少数民族新闻史的内容，成为少数民族新闻传播学建设的开端（庄锡昌，1987）。

少数民族聚居的省、自治区是少数民族新闻传播的集中地区，也是受众最集中的地区，建设民族新闻学科具有优势。少数民族新闻学是以中国少数民族新闻史为研究基础、以少数民族新闻传播的特点及其社会功能为主要研究对象的学科，致力于构建民族地区新闻事业的理论体系，使其为国家和社会发展提供积极的参考和引导作用。少数民族新闻传播学研究的主要对象是少数民族新闻，其中包括少数民族语言文字新闻传播和汉语言新闻传播；少数民族地区新闻传播历史研究；民族地区新闻传播形式；新闻机构的建设及发展。从媒介经营角度看少数民族新闻发展的新形势，少数民族新闻媒体需要根据自身特点，实行“差异化”战略，以民族特色吸引受众、服务受众，拥有固定的受众群。

（1）构建系统的少数民族新闻学教育体系。少数民族新闻学科建设需要在新闻学的理论基础上，结合我国少数民族特点和国情，形成完整的科学理论体系，建设不同层次的教育研究机构，培养更多少数民族新闻专业人才。

（2）培养跨学科研究人才。少数民族新闻传播学的基本任务是既要培养精通多个民族语言的新闻人才，又要使新闻队伍中有懂经营管理、懂新媒体技术的人才，如研究型人才、技能型人才、经营型人才。因此学科将涉及民族语言学、新闻传播学、经济学等多领域。

（3）提升少数民族新闻传播研究的话语权。少数民族新闻传播学具有明显的学科指向性和现实需要。研究少数民族新闻必须结合现实问题，研究应对与发展策略。

（4）建立覆盖全面的研究平台。各研究机构以少数民族自治区和民族聚居区为重点研究区域，建立从高校到地方的研究中心，将科学研究与实践紧密结合。

（5）研究新媒体在民族新闻传播中的作用与形式。运用新媒体的传播优势，提高在民族地区的传播密度、速度、广度。

6 结语

我国少数民族地区与内地在文化与经济社会发展方面的差异，决定了民族地区新闻传播具有更多的社会功能。在采取分众化传播策略的基础上，对民族地区受众进行正确的信息传播、舆论引导，保持民族地区的繁荣和稳定，增强各民族对国家的认同感和向心力。同时积极构建少数民族新闻学科体系，培养跨学科、跨文化的少数民族新闻人才。

参考文献

[1] Cara J., Reginald J., Racial identity, African self-consciousness, and career decision making in African-American college women[J]. *Journal of Multicultural Counseling and Development,* 1998, 26(2): 98–108.

[2] 白润生. 中国少数民族新闻传播史[M].民族出版社，2008.

[3] 贺金瑞，燕继荣. 论从民族认同到国家认同[J]. 北京: 中央民族大学学报（哲学社会科学版），2008(3): 5–12.

[4] 迈尔威利・斯徒沃德. 周伟驰等译. 当代西方宗教哲学[M]. 北京: 北京大学出版社，2001: 86–93.

[5] 马凌诺斯基. 费孝通译. 文化论[M]. 北京: 华夏出版社，2002.

[6] 施旭. 话语分析的文化转向：试论建立当代中国话语研究范式的动因、目标和策略[J]. 浙江大学学报(人文社会科学版)，2008(1):131–140.

[7] 庄锡昌. 多维视野中的文化理论[M]. 杭州：浙江人民出版社，1987:45–48.

Social Function and Subject Construction of Minority Journalism and Communication

Abstract: Minority journalism and communication is different from mass media because of its receiver, language and social environment. It plays an important role in maintaining social stability, developing economy and spreading ethical culture. Nowadays the study of minority journalism and communication and subject construction need to be strenthened. Minority districts should cooperate with colleges and research institutions to build minority journalism and communication educational system. They should set up cross-subjects reaearch groups to cultivate minority journalism talents.

Key Words: Minority journalism and communication; social function; subject construction

作者简介

颉颃，女，内蒙古工业大学外语学院副教授，最近发表论文：

1. 《系统功能语法中语境与语篇的关系研究》
2. 《内蒙古地区多语现象及教育研究》
3. 《系统功能语言学与英汉语言语码转换研究》
4. 《解构主义在商务英语翻译中的作用》
5. 《概念隐喻理论下的英语专业写作教学策略研究》

电子邮箱：xiehanght@163.com。

新媒体、性别意识与文化再现

——基于自媒体传播的话语研究与性别批判①

傅美蓉

摘　要： 新媒体话语是中华文化话语的有机组成部分，通过考察自媒体中的女性话语以及有关女性的话语，从编码/解码角度分析女性主义/非女性主义的话语表达，对自媒体中作为符号化客体的女性与作为话语主体的女性进行分丝析缕，审视内在于新媒体的性别权力、知识生产与主体建构，揭橥新媒体话语中潜在的菲勒斯中心主义，进而考察新媒体中的话语实践与文化再现，促进当代中华文化话语的变化发展。对新媒体语境下性别意识的探赜索隐能够为女性再现自我、建构主体身份拓展新的言说渠道。

关键词： 自媒体；话语；性别意识；再现

1 引言

新媒体（New Media）概念自诞生以来，便受到世界各地专家学者的关注，各种形态的新媒体更是如雨后春笋，迅速遍布我们生活的每一个空间。不同的媒介类型有不同的话语系统与话语结构，新媒体作为公共媒介的话语系统集文字、图片与影像语言于一身，相对于报纸、广播、电视等传统媒体，其话语表达更加趋于多元化，也更加趋于无限性（需求无限、传输无限和生产者无限）。不管是旧媒体还是新媒体，均直接参与了性别意义的生产和传播，其对女性的雕刻以及对性别的再现均影响到女性身份的建构乃至性别认同的实践。随着新媒体话语交际主体的无限增加以及传输渠道的无限通达，性别意识传播的对象和空间也不断扩大，博客、微博、微信、贴吧、网络社区等自媒体更是促进了女性主体身份的建构。虽然西方的话语分析被引入中国已经近30年了，但探索话语研究方法的中国模式还不到10年（施旭，2008）。在此，笔者把自媒体视为新媒体发展到新阶段的产物，试图运用例证解析方法考察自媒体中的女性话语以及有关女性的话语，以期揭橥新媒体话语中潜在的菲勒斯中心主义（phallocentrism）。

2 媒体话语与性别再现

媒介作为话语的有机成分，是性别意识形态的物质载体，在女性形象的构建与性别观念的传播上一直发挥着直接或间接的影响。由于社会历史的原因，报纸、广播、电视等传统媒体均由男性主导，女性形象的构建也因直接受制于菲勒斯中心主义所强加的同一性而呈现出本质化、单一性的特征。因此，“在媒体呈现的女性形象中，她们看不到女性的真实面目，看到的只是被男性命名、规定、解释的女性”（刘利群，2013）。不

① 基金项目：本文系国家社会科学基金项目（15BZW033）、教育部人文社会科学研究青年基金项目（13YJCZH040）、陕西省教育厅科研计划项目（13JK0240）阶段性研究成果之一。

过，新媒体因其高度的个人性与互动性而具备传统媒体不曾具备的传播力度，为消解菲勒斯中心主义提供了更好的文化场域。

20世纪70年代以降，性别批判意识已融入传播研究，但理论研究相对薄弱，直到荷兰学者祖伦（Liesbet van Zoonen）的《女性主义媒介研究》（*Feminist Media Studies*，1994）问世，女性主义的研究方法才被明确运用到媒介研究上，相关研究的理论性才得到重视。20世纪90年代，大众媒介中的女性形象开始受到我国学界关注。2001年，媒介与社会性别研究先驱者卜卫在《媒介与性别》中率先向媒介发问：“媒介是有性别的吗？”（卜卫，2001）同年底，大众传媒与妇女发展研讨会的召开更是推动了媒介与社会性别研究的发展，媒介的“性别”逐渐浮出地表。随着媒介研究与性别研究的逐渐融合，媒介话语所隐含的性别差异得到彰显。不过，相关研究虽表现出较强的理论性和实证性，但鲜有学者运用文化话语研究方法来探索媒介的“性别”。直到2012年12月，浙江大学当代中国话语研究中心举办“妇女问题”专题研讨会，妇女问题的话语学研究才开始获得国内学界重视。眼下，新媒体已成为网络化社会主流媒体，新媒体话语对性别的再现直接影响到性别观念的变迁以及性别文化的形塑，因此对新媒体话语中的性别意识与文化再现的考察迫在眉睫。

目前，“再现”仍是一个富有争议性的词语，学界从不同角度对再现进行了界定和阐述。斯图亚特·霍尔（Stuart Hall）明确指出，“再现是在我们头脑中通过语言对各种概念的意义的生产。”作为概念与语言的联结纽带，再现既指涉“真实的”世界，又指涉“想象的”世界。一般来说，再现研究重视的是语言符号本身的关系，性别研究则倾向把语言符号意义与传统文化、性别观念对女性的建构联系起来。自进入现代社会以来，人类从未停止对自身的思考与追问，男性再现女性的特权逐渐受到质疑。在男性主导的文化语境中，男性拥有再现女性的绝对权力，什么可以被记忆以及如何被记忆均受制于菲勒斯中心主义。因此，媒介的“性别”并未得到充分关注，女性的记忆、经验与文化亦未在媒介中得到客观再现，甚至看上去绝对“中性”的再现也有可能隐藏着深刻的性别偏见。换句话说，媒介所标榜的“真实”是一种人为建构的客观：真实的女性有可能在历史中被遮蔽了，想象的女性有可能在文学中被扭曲了。在浩瀚的历史长河中，女性一直试图通过阅读、写作进入男性支配的话语再现领域。遗憾的是，历史上能读书识字的女性不少，但大抵屈从于男性话语系统，因此女性身份往往呈现出本质化、单一性的特征。不论是在中国古典文学中还是在当代媒体的话语表达中，女性形象往往被建构为“他者”。

随着新媒体的发端尤其是自媒体的普及，女性开始频频亮相，并以一种开放、多元、抵牾的形象呈现于话语之中，但这并不意味着女性形象已经被铭刻于“他”的故事（history）之中。男性话语在新媒体话语中不再被视为绝对权威，但编码与解码的故事仍在继续，性别意识形态的冲突与斗争从未停止。文化再现直接影响到身份的形成，虽然新媒体不再把女性再现为单一的“他者”，但女性并未在这一语境下得到完全再现，因此对新媒体进行女性主义批判仍是必要的。

3 新媒体的话语表达与女性再现：以播客为分析对象

新媒体尽管已经发展到自媒体阶段，但其话语实践仍然受制于菲勒斯中心主义。话语具有意识形态的实践功能，男性作为话语的主体实际上是意识能动体，在语言交往中必然遵循一套用来反映主体意志的话语建制，即菲勒斯中心主义话语。同为言说主体的男性和女性，由于其在话语系统中所处位置不同而造成了权力的不平等。新媒体话语作为中华文化话语中最具有活力的一部分，虽然与西方话语有着千丝万缕的联系，但仍是中华传统文化的载体。“男尊女卑”的性别观虽然在我国古代一直占据统治地位，但这种二元对立的思想观念有悖于中华文化阴阳辩证的思维模式，亦不符合当下构建社会主义和谐社会的目标，因此清算新媒体话语中的菲勒斯中心主义、构建没有性别歧视的话语是构建当代中华文化话语与和谐社会的必经之路。这一部分主要考察男性主导的话语实践，尤其是其播客中的话语实践，关注其在自媒体中如何通过话语将女性客体化。

目前，在播客的定义问题上尚不能达成统一认识。一般认为，播客指的是“一种在互联网上发布文件、允许用户订阅并自动接收新文件的方法，或用此方法来制作的音频节目”（刘瑞生，2006）。播客以语音和影像为载体，倾向于制作并传播个性化的音视频节目，允许个人进行创建与发布，使得人人可以说出他们想说的话。据人民网2014年10月24日报道，截至目前，我国视频媒体用户规模已达20.7亿，海量视频消费已成为新的全民生活方式。国内除了优酷、土豆网、中国播客网等较有影响的播客门户网站以外，很多门户网站也设有播客频道。如新浪网也进军播客，推出播客频道，且视频内容的上传量跃居视频网站之首。在广播、电视等传统媒体面前，受众只有“听”的权力，而在播客中人们开始拥有享受自己“说”的权力。与此同时，播客的“膻色腥”在菲勒斯权力的宰制下也迅速地“成长”起来。以女性、身体与欲望作为噱头的视频标题频频出现，吊诡的是，低俗化标题的确换来了高点击率，这就说明隐匿的受众实际上是媒体的共谋者，两者共同完成了对女性的他者化叙事。在更深层意义上来说，受众与媒体的交往不仅是在网络环境中完成的，更是在社会文化这一大语境中完成的，标题的低俗化正是社会性别意识落后的再现。作为社会文化环境的缩影，网络环境同样受菲勒斯中心主义宰制。在女性被符号化的背后潜藏着男/女二元对立结构，这就构成了一种二元对立的关系：观看/被观看，言说/被言说。

在我国，男性主导话语权的格局始终没有被打破，女性在男性主导的新媒体语境下仍被想象成欲望客体。由于女性的缺席，女性形象的单一化、刻板化是司空见惯的现象，对女性身体的规训与消费更是司空见惯。某网片库把原创分为23类，其中直接涉及女性的有“萌妹子”“美女主播”“女汉子的世界”三大类别。以女性为关键词搜索，相关视频栏目几乎都是围绕女性身体展开的，与女性相关的自频道亦如此，如“女性瘦身操”“女性瘦身专家”“女性减肥专家”等。在男性主导的社会中，女性身体是欲望的显现，也是权力的再现。不管是视频栏目还是自频道，对女性及其生活的再现均过于偏狭，尤其是对女性身体的过分再现，严重影响了女性主体性身份的建构。在男性主导的话语实践中，女性形象往往被粗暴地抽象成简单的符号，无形中加剧了女性存在的符号化倾向。从表面上看，网络视频的低俗化是高度自由化的恶果，而实际上这是消费主义与菲勒斯文化联姻结下的恶果。长期以来，话语权掌握在男性手中，因此欲望叙事与历史叙事的主体总是男性而非女性。与文字相比，视频对欲望的表达更直接，菲勒斯中心主义的权力运作更加猖獗。作为欲望主体，男性在视频中言说欲望的冲动更加明显。在这些欲望叙事中，女性往往被再现为审美客体、欲望化的象征以及消极的他者。

4 新媒体的女性言说与主体性建构

话语是建构自我身份的重要手段，言说自我对女性建构自我身份具有重要意义。随着女性话语研究在我国的兴起，人们越来越重视话语对女性主体乃至社会主义社会的建构作用，而新媒体话语从编码到解码均受制于菲勒斯中心主义的现实，不利于对女性主体的建构。正如施旭教授所提出的："崇尚权威是当代中国话语的一个重要社会规范。……随着网络、媒体、全球化的发展，这种社会规范已远不是传统意义上的那样严格，而且正不断经受着挑战。"（施旭，2013）因此，新媒体话语的兴起为女性挑战社会规范、建构言说主体开辟了新的文化场域。

20世纪70年代，以西苏（Hélène Cixous）、伊利格瑞（Luce Irigaray）、克里斯蒂娃（Julia Kristeva）为代表的法国女性主义批评开始关注女性言说，分别提出了"阴性书写"（écriture féminie）、"女人腔"（le parler femme）、"母性空间"（chora）等女性话语。虽然语言结构、语言内容以及意指实践均有可能存在一种性别歧视，但很难设想一种"无语言的女性本质"（张京媛，1992）的存在。面对有性别的语言与媒体，女性不可能继续保持缄默。不过，"以男性的眼光设计出的她们，被封锁在这样的框架内，她们自己是不可能轻易从中解脱出来的，因为这一框架在她们的态度和行为上都打上了烙印。"（彼得·毕尔格，2004）如何通过语言进入象征秩序，唤醒混沌的自我意识，建构主体性女性身份，这是摆在女性主义者面前的难题，而自媒体的诞生意味着作为"沉默的大多数"的女性在虚拟世界中至少拥有了发声的技术可能（张彬，2007）。通过考察博客、微博等自媒体平台上的女性言说，不难发现将女性欲望化、物质化、圣母化的现象仍然普遍存在，女性言说的主体性严重匮乏。

据中国互联网信息中心发布的第34次《中国互联网络发展状况统计报告》，截至2014年6月，我国网民规模达6.32亿，其中男女比例为55.6 : 44.4，博客和个人空间用户规模为4.44亿。随着女性网民的持续增长，女性言说备受关注，不少门户网站推出女性频道，如"网易女人""搜狐女人""新浪女性""21CN女人帮"不少博客网站也推出女性博客，如博客网的"美女博客"。然而，女网民的崛起并未迎来女性言说的黄金时代，虽然与男网民数量相当，其话语权仍不容乐观。通过考察天涯论坛主要板块版主的性别，有人发现女性仅仅在情感天地、时尚资讯和娱乐八卦论坛中占据话语权，而后两个论坛尽管版主全部是女性，充当意见领袖的却仍是男性（江锦华，2014）。又以中国最大财经门户网站和讯网为例，2014年10月的50位博客之星中仅8位女性。在43位男博主中，37人关注财经（其中包括一个写财经小说的博主），5人关注摄影，仅1人关注个人体验。而在8位女博主中，3人关注金融业，1人关注摄影，4人关注个人体验。不难发现，女性在新媒体的话语领域仍然拘囿于私人领域，在公共领域中的自我再现明显不足。显然，当女性获得话语权之后，如何言说、言说什么与谁在言说同样值得关注。

比如，"美女博客"专栏占据最显著的位置，看似是对女性主体性的认可，实则将女性至于一个被观看的位置，使其沦为欲望化的客体。"美女博客"分为"话题女王""我的极品前男友""美女修炼指南""闺蜜卧谈会""网购女郎"五大类，主要涉及娱乐、情感、网购等私人领域的话题。"话题女王"通过清纯私房、性感火辣、杂志封面、另类写真、真我秀五个单元完成了对女性的欲望化叙事；"我的极品前男友"再现的是作为受害者的女性形象，并与"闺蜜卧谈会"共同构建了情感化的女性形象；

“美女修炼指南”与“网购女郎”共同再现了菲勒斯文化对身体的凝视，尤其是女性对自我的规训与凝视。由此可见，美女博客并非是由女性言说自我的个人空间，而是没有走出菲勒斯中心主义的看台。从各大女性频道栏目的话语中，可以提炼出“时尚”“美容”“情感”三个关键词。与男性相比，女性话语的兴趣主要集中在购物、聊天、娱乐等偏私人化的非主流领域，政治、经济、文化主流话题明显参与不足。新媒体虽然为女性言说自我搭建了空间和平台，由于自身主体性的匮乏，女性并不能再现主体性的自我，实际上两性的性别建构并非完全平等。

女性话语往往被新媒体的菲勒斯中心主义叙事所遮蔽，但有时两者也可能构成一种共谋关系。随着女性开始言说自我，女性与媒体的关系也开始变得微妙起来。在自媒体时代，女性对自我的言说不再限于单一的文字话语形式，身体也作为欲望符号不断出现在图像、视频等话语形式中。21世纪以来，木子美、芙蓉姐姐、流氓燕等女性先后成名于新媒体，同时借助博客、微博等自媒体展示自我。这些女性均具有强烈的女性意识与言说欲望，且主动把自己置于“被观看”的位置，既是言说自我的主体，又是被观看的客体。不管是身体写作的性爱叙事，还是直接发布照片（甚至是裸照）言说自我，均使自己沦为对象性的客体，不断被他者化、客体化。从木子美到不加V，从芙蓉姐姐到史恒侠，从流氓燕到叶海燕，木子美、芙蓉姐姐、流氓燕等网络红人试图通过言说位置的转变，作为主体重新定义自我，表达自我，进而获得主流社会的认可。

如何言说、言说什么以及以何种身份言说，对女性来说具有十分重要的政治意义。身体是一个位置，不仅设定了“我们是谁”的界限，而且提供了身份认同的基础。然而，在以丧失独立性为代价的身体写作中，身体并不能作为建构女性主体性的出发点。上述以男性为中心的书写并不是真正意义上的女性书写，在其身体写作的背后隐藏着菲勒斯中心主义。在新媒体时代，女性不仅要作为女性言说自我，也要作为主体言说他人，再现我们的世界，进而展开主体间对话。当女性言说自我时，谁是主体？这是一个令人头疼的问题，女性看似获得了理想化的话语权，实则深受菲勒斯中心主义宰制。当女性满足于私人话语的表达，自觉接受菲勒斯文化的规训时，不可能作为话语主体来言说世界。

5 结语

毋庸置疑，新媒体话语是中华文化话语不可或缺的一部分，对自媒体进行女性主义批判有助于消解人类文化中不平等的关系，推动人类社会文化的变化发展。从宏观上来说，自媒体是一个杂糅的话语空间，并非传统意义上的个人话语空间或公共话语空间。个人话语空间与公共话语空间的融合拓展了女性言说自我的空间，为女性从私人领域走向公共领域提供了一个自由、公共的话语交流的互动平台，不少女性以话语主体的身份言说自我、关注社会、发表意见、参与公共社会事务。从微观上说，自媒体是一种以数字技术为基础，以网络为载体进行信息传播的媒介，并非传统意义上的单向媒体。自媒体的互动性促进了女性与男性的沟通与交流，使女性与男性暂时融会成对等的交流者，同时进行个性化交流。“妇女在文化上的自我理解就像她们对整个文化所作的贡献一样未能得到应有的承认；妇女的要求在主流话语中从未得到充分的考虑。”（哈贝马斯，2005）女性不仅应该通过自媒体言说自我、理解自我，而且必须得到应有的承认。德国当代哲学家克里斯多夫·胡比希（Christoph Hubig）在一次访谈中强调了“奴隶”的主体性，认为“主人”是“单纯的自我”，“奴隶”是“行动的主体”，“行动的主体不是像客体那样能够被承认，而是必须被承认。”（王国豫，2006）对女性主义而言，女性作为“行动主体”，不是像作为“主人”的男性一样能够被承认，而是必须被承认。作为一种公共权力资源，自媒体既是形塑现代市民的自我治理技术，又是改造性别关系的“市民实验室”，为抵抗菲勒斯中心主义、寻求性别正义、建立两性对话的有效机制提供了新的可能性。

参考文献

[1] 施旭.试论建立当代中国话语研究体系[J].当代中国话语研究，2008(1): 1–11.

[2] 刘利群.中国媒介与女性发展报告(2011–2012)[M].北京: 社会科学文献出版社，2013: 51.

[3] 卜卫.媒介与性别[M].南京: 江苏人民出版社，2001.

[4] 斯图尔特·霍尔.徐亮，卢兴华译.表征：文化表征与意指实践[M].北京:商务印书馆，2013: 22.

[5] 刘瑞生.博客: WEB2.0时代的典型传媒形态——国内博客现状研究[J].新闻传播，2006(11):46.

[6] 解读大视频时代首部《中国视频媒体生态考察报告》发布.http://media.people.com.cn/GB/n/2014/1024/c14677-25899144.html.

[7] 施旭.当代中国话语的中国理论[J].福建师范大学学报(哲学社会科学版)，2013(5):55.

[8] 张京媛.当代女性主义文学批评[M].北京: 北京大学出版社，1992.

[9] 彼得·毕尔格.陈良梅，夏清，等译，主体的退隐: 从蒙田到巴特间的主体性历史[M].南京: 南京大学出版社，2004: 223.

[10] 张彬.对“自媒体”的概念界定及思考[J].今传媒，2007(8):76.

[11] 江锦华.浅析新媒体情境中的女性角色[J].新闻知识，2014(4):53.

[12] 哈贝马斯.民主法治国家的承认斗争[A].汪晖，陈燕谷主编.文化与公共性[C].北京:生活·读书·新知三联书店，2005: 347.

[13] 王国豫.创造性与德国哲学的走向[J].世界哲学，2006(4):11.

New Media, Gender Consciousness and Culture Representation
—A Discourses Study and Gender Criticism Based on We-media Communication

Abstract: The study of New Media is a component part of Chinese discourse culture research. Through carrying out inspections on female's discourses and female's discourses in New Media, analyzing expressions of feminism and non-feminism from encode/decode perspective and making an analysis on difference of female as a symbolic object and a subject in We-Media, the author examines gender power, production of knowledge and construction of subject, and reveals potential phallocentrism in New Media discourses. Through this, the author can observe practice of discourses practice and cultural representation in New Media to promote the change and development of research on the discourse of Chinese cultural the present age. The exploration of gender consciousness in the context of New Media can provide a new way to present selves, and construct their principle of female.

Key Words: We-Media; discourses; gender consciousness; representation

作者简介

傅美蓉，女，文学博士，咸阳师范学院文学与传播学院副教授，研究方向：性别文化与文学批评。

电子信箱：fmrong_1314@163.com。

论政府窗口工作人员话语的重塑

贾珍霞　强月霞

摘　要：政府窗口工作人员话语是当代社会生活的有机组成部分。本文从现实的话语问题出发，采用田野调查法和综合分析法，以从几个政府窗口单位实地调研收集整理的80个真实会话语料为蓝本，将深受汉文化影响的话语结构、衔接手段等内在特征展现出来，将蕴藏于实际语用行为中的汉民族特色的话语成分、话语方式、语形与语里关联等进行深入的归纳，结合语言学、社会学、心理学等相关知识，结合社会文化语境和中国文化的价值观念，从正确使用话语、尊重群众话语权和慎用、适当转换话语等方面提出实现政府窗口工作人员话语重塑的合理化建议。研究政府窗口工作人员话语特征及规律，可为研究社会现实服务；研究政府窗口工作人员话语重塑，有助于建立和谐的语言环境和社会生活。

关键词：政府窗口工作人员；话语；话语分析；中国文化

1 引言

建设“执政为民”的服务型政府是现代行政价值的基本取向。本届党和国家领导人对行政窗口的服务质量尤为关心，习近平总书记在考察兰考时特别强调，在第二批党的群众路线教育实践活动中，政府窗口单位是查摆和解决作风问题的重点。能否实现服务型政府的建设目标不仅取决于政府的执政理念，而且取决于政府工作人员对这种理念的贯彻和执行程度，特别是与广大人民群众密切相关的政府窗口，其工作人员的服务意识、服务质量、服务态度等都在一定程度上影响着服务型政府的塑造。

本文研究的对象是当代中国话语，即政府窗口工作人员话语。所使用的研究方法遵循施旭（2012）提出的四个原则：（1）挖掘意义生成和理解的“语用策略”（语言使用的选择）；（2）（在更高的层面）诠释（注：不完全是形式的、机械性的解释）话语的内容和形式；（3）解构话语（揭露“公理”“真理”“普遍价值观”；揭露隐秘的不平等）；（4）改革话语（扶持和谐话语；培育、提升和谐的精神）。具体包括以下三步：（1）通过收集语料、访谈和观察等方法，统计、了解政府窗口工作人员的话语特征和话语权使用情况；（2）诠释话语形式背后的历史、文化、心理和社会因素，解构话语，探究话语所体现的价值观；（3）改革话语，为政府窗口工作人员正确使用话语权、慎用话语权和尊重群众话语权等方面提出合理化建议，为塑造服务型政府提供借鉴。

2 政府窗口工作人员的话语特征

诺曼·费尔克拉夫（2003）认为，“话语，指的是对主题或者目标的谈论方式，包括口语、文字以及其他的表述方式。话语来源于人们的生活习惯和文化习惯，但同时也影响着人们的生活方式和文化习惯。”所以，话语不仅是社会过程和结构的一个部分，同时也反映着社会发展过程和结构。俗话说，“人说人话，鬼说鬼话”，换句话说就是“人话使人成人，鬼话使鬼成鬼”。这就表明，话语与人的社会身份是互生互长及对等的。

政府窗口工作单位是政府依法行政、规范运作、廉洁高效、勤政为民的有效载体，是全面展示和充分体现政府形象的重要窗口。窗口工作人员是代表所在部门和单位履行行政审批职能的，体现着本部门、本单位的形象。

政府窗口工作人员话语属于哪类话语？按照施旭（2008）的分类标准，笔者认为，一方面，它可以归为“社群话语”，因为它是政府窗口工作人员这个群体和社会群众之间的群体交际话语。本文把政府窗口工作人员话语归作此类，目的就是要了解这两个不同社会群体内部及其之间的话语权关系。另一方面，它又具有服务行业的基本特征，因此，也可以被视作“行业话语”，这样便于我们去探索政府窗口工作人员的话语运作规律或对其出现的问题进行审视和评价。

为了直观理解政府窗口工作人员的话语特征，从2013年11月至2014年11月，笔者和2名学生在河北省唐山市行政服务中心、税务办税大厅、房管办理大厅、出入境管理大厅等政府窗口单位，通过明察暗访等，采用录音方式收集了80个真实的会话语料，并根据具体情况对5名办事群众进行了访谈。为了便于分析，把录音转录成文本形式。鉴于本文的篇幅，笔者只选取了三个典型案例。

案例1：（地点：房产变更窗口）

群众：你好！

工作人员：（没说话，向办事群众伸出一只手来）

群众：我的在你那里放着呢。

工作人员：（怀疑地看着群众）在我这放着呢？

群众：那次我看着，我来的时候你们把它拿到这来着。

工作人员：我找找，是这张吗？

群众：（高兴）对对……

工作人员：（声音较低）那你等会儿吧。

群众：啥？

工作人员：（语调提高）等会儿！

案例2：（地点：收费窗口）

群众：（来到窗口）……

工作人员：去柜台存。

群众：去柜台存了，6000多呀！

工作人员：告诉你去柜台存。

案例3（访谈）（地点：房产交易大厅）

采访者：阿姨，您好。

群众：你好。

采访者：您认为事情办得还算顺利吗？

群众：还行，没有太多地耽误时间。

采访者：您觉得这里的工作人员办事效率如何？

群众：就那样吧，已经不错了。话说回来了，跟她们没法讲理去。

采访者：哦，是这样啊，谢谢，阿姨。

群众：不客气。

……

从以上三个案例可以看出，政府窗口工作人员的话语特征主要体现在以下几个方面：

第一，政府工作人员话语的礼貌程度相对较低。在所收集到的80个语料中，其中67个首先发言的是群众，并且办事群众总是以“你好”开始与工作人员的交流。会话的开端为“召唤—回答系列”。群众在会话中起主动作用。在这80个语料中有32个以群众的“谢谢”结束。政府工作人员回应群众“你好”的方式非常单一，要么没有任何反应，等着群众接下来的话语。要么只是点头示意表示知道。要么用“嗯”一声来表示。而对于办事群众的32个“谢谢”，只有1位公务人员回应了一句“不客气”。会话的结束一般也是群众。其次，存在较多的打断现象，有的群众还没有完整表达意思，工作人员就做出“好！我知道了”“我明白了”“我清楚了”等表示，群众的陈述被强行打断。

第二，多数公务人员过于公事公办，重视工作流程，忽视和群众之间的言语沟通。公务人员在回答群众提出的问题时所用句子过短。在80个语料中，共有完整语句1326个。工作人员话语共有553句。其中，一个字或两个字的语句总数是117句（21%），如“对”“是”“可以”“嗯”“呃呃”“等会儿”等，明显表现出应付的倾向。

第三，信息不对称。前面已经提到，群众与工作人员的对话开端是“召唤—回答系列”，群众起主动作用，工作人员对于群众的“召唤”没有给予正常的回答。在对话中间，多是“提问—回答”形式，同样也是群众主动，工作人员回答多数是“行”“可以”“不知道”“那边”“对面”等短句，致使相互间在“提问—回答”之间徘徊多次，群众才能弄明白相关问题和办事程序。这种信息不对称的情况，造成的直接后果就是办事效率低下。

第四，公务人员淡化自己的失误或错误。公务人员与群众沟通过程中出现明显错误时，有些公务人员用“不好意思”来代替“对不起”；有些则沉默不语，或者含糊其词，如“没看见”“没注意到”或者“不知道”等。

3 政府窗口工作人员的话语特征究因

当代中国话语的言说方式、意义生成及理解不仅仅是我们国家政治、经济体制的体现，也正如施旭（2010）提到的，更是受中华文化特有的世界观、思维方式、人生观及道德标准的影响。本文分析立足于本土文化，重新阐释当代中国话语的历史与现状。

3.1 管理者的上位心态

工作人员办事过程中回应群众的短句和单词以及礼貌方面的表现，体现出其“上位心态”：我是管理者，我掌握着权力，我左右着你所办事情的结果。所以，我可以傲慢，可以不礼貌。你求我办事，你要更礼貌，更耐心，想弄清楚办事程序和问题，就要多说话。这一心态显示出政府职能转变的必要性。换一个角度讲，由于公务人员的自我认同和知识结构在其所处领域普遍高于一般群众的平均水平，在与一般群众交谈时，公务人员以自己的自我认同的知识结构预设出一般群众也会相对称地理解其所表达的内涵，从而导致其对工作程序和相关概念的解释不够具体，使人民群众达不到公务人员所要表达的深度与广度，致使公务人员与人民群众不能得到有效沟通。例如：在社保中心，当在校大学生问及“大学生医保”问题时，工作人员以“居民医保”内容来解答，这就出现了知识结构不对称的问题。工作人员认为大学生应该知道“大学生医保”隶属“居民医保”的范畴，所以就直接用“居民医保”内容来解答。但对于从未接触过医保的大学生来说，对医保的概念都是模糊的，更不用说居民医保了。所以出现了大学生与工作人员之间询问、解答的错位现象。这种错位现象，主要也是公务人员的上位心态和“我是话语权的掌握者”造成的。

3.2 无视服务对象的话语权

就政府职能而言，服务型政府的职能就是为人民服务，其办事人员就是群众的服务员。他们应该把话语权交给群众，他们的主要任务是倾听群众的呼声，给群众办事，把给群众办事当作自己的义务，而不是施舍权力。比如，我们在灾难时呼叫119或110，战争时我们的部队上战场，他们没有权利和群众讲条件，和国家讲条件，因为他们知道救灾、救火、冲锋陷阵是自己的义务，他们把所有的话语权都交给了群众和国家。同样，我们的公务人员如果把话语权都交给群众，而把给群众办事当作自己的义务，自然他们的心态就会转变，由上位心态转变为服务心态，义务心态，会义不容辞地全心全意为人民服务。而他们现有的话语表现，就显示出他们掌握着话语权，群众再“无奈”，也要“忍耐”，因为你要“求”人家办事，你没有说话的权利。

3.3 群众的“认可”中包含着“无奈”

在案例三的访谈中，当问起“事情办得还算顺利吗”时，群众的回答是：“还行，没有太多地耽误时间。”这里的“还行”，反映出群众一定程度的认可，但又不是特别满意。对于“你觉得这里的工作人员办事效率如何”这个问题，群众的回答是：“就那样吧，已经不错了。话说回来了，跟她们没法讲理去。”这里的“就那样吧”表现出群众已经很习惯政府人员的办事效率和办事风格，暗含着“对他们不能要求过高，不能太挑剔”的含义；而“话说回来了”就是一个转折。根据李胜梅（2004）对“话说回来”的分析，“话说回来”为回说自述话语，前项阐明说话者自身肯定性的看法，后项用“跟她们没法讲理去”给出相反的一面，并说明这种现象是普遍现象。笔者认为，此处回说自述话语的使用，充分表明群众对公务人员整体形象的不满，至少没有达到群众所期待的标准。这就显示出公务人员重塑形象的必要性。

3.4 官本位思想

自西汉以来，官本位思想已占据我国的思想领域几千年。为加强中央集权，汉武帝首创察举制，举“孝、廉”，为平民知识分子进入仕途开辟了道路。在思想文化上，“罢黜百家，表彰六经”，使儒学成为正统哲学，让儒家的入仕哲学成了社会主流思想。在以后的历史发展中，科举制度逐渐完善，“万般皆下品，唯有读书高”成为平民知识分子的信条。因为，只有读书才能改变命运，才能从“治于人者”变成“治人者”，才能成为“县太爷”“父母官”。在儒家思想的熏陶下，读书做官成了平民知识分子的理想。在读书人看来，无论是为了“治国”“平天下”，还是为了升官发财，“做官”都是有志之士的最高价值追求，是一种远大的理想，而实现理想的大门已经向自己打开。从此，以官为本，以做官为梦想的官本位思想深入人心，成为民族的心理烙印。

这种官本位思想，本有它“修身、齐家、治国、平天下”的积极一面。但被继承下来的也有它消极的一面：因为计划经济时代的行政化管理，扩充了“官”的行政权力；而到了市场经济时代，这种权力的烙印很难在短时期消除。于是，我们的一些公务员仍保留着固有的优越感和上位心态。他们认为自己手中有权，所以，可以对群众冷漠、粗暴，甚至颐指气使。同时，百姓的头脑中仍有“臣民”观念、“父母官”观念的残留，所以，群众对公务人员态度的冷淡，甚至言语的粗暴能忍则忍，认为没办法和他们“讲理”“谁让咱求人家办事呢”“人在屋檐下，不得不低头哇”。

3.5 明哲保身和中庸之道

“明哲保身”哲学对我们的社会生活影响深远，它告诫人们趋利避害，韬光养晦；而儒家的中庸之道，则告诫人们做事要“中道而行”“不偏不倚”。表现在语言上，则产生了许多模棱两可的概念，诸如“也许”“大概”“可能”“好像”等。我们的公务人员在和群众的沟通中，当有些事情说不准、或不便表态时，不是抱着负责的态度把事情弄清楚，而是出于保护自己、规避风险的目的，采用一些不前不后、不明不暗的模糊话语来回答群众的问题，致使群众无所适从。比如，在市医保中心，当群众问起“异地医保能否接续”时，工作人员就用了“可能”“应该是”“差不多就这意思”等模棱两可的语言。这种态度不容易激发工作人员和办事群众之间的矛盾，但这种“玩太极”的表达方式会造成效率低下，也会让群众感觉到公务人员缺乏诚信。

4 中国文化对政府窗口工作人员话语重塑的启示

服务型政府的职能是全心全意为人民服务，政府窗口工作人员的定位应该是人民群众的服务员。因此，除了制定严格的规章制度，提高工作人员的知识技能水平外，更应该引导政府窗口工作人员转变重“术”轻“道”的思想，树立职业道德意识，端正职业态度，改变职业作风。我国是一个传统文化源远流长的国度，中国文化中的“为政以德”“和合之道”“忠恕之道”“修己安人”“民本”思想等，可以为政府窗口工作人员改变职业作风提供有益的借鉴。

4.1 遵循“和合”理念，尊重双方的话语表达

“和合”是中国传统文化的精髓，广泛而深入地融合于中国文化之中。“和合”蕴含着“和睦”“和气”“和善”“和蔼”“和解”“合情”“合理”“合作”等意。“和”“合”联用不仅突出了人民群众与公务人员的融合作用，更强调了双方在话语表达上和谐与协调的重要性。“和合”在伦理道德的层面上是社会成员之间普遍的尊重和敬爱，实现人际温馨协调的伦理环境和道德氛围。公务人员和人民群众在对话的过程中以一种和善、和蔼、和气的态度沟通与交流，以一种合情、合理、合作的方式办事，尊

重对方的话语表达，建立一种相互尊重的和谐氛围。“和合”观念可以进一步解释为包容，包容倡导以一种慈善亲和、严于律己、宽以待人和挚诚的心态。公务人员与人民群众沟通交流时，应以一种相互尊重的心态，包容彼此办事的失误和话语表达的不当。

4.2 “修己以安人”，正确定位群己关系，尊重群众

儒家认为，每一个体都有自身的价值。“修己”即是自我完善，提升自我的涵养；“安人”则是社会整体的稳定与发展。“格物、致知、诚意、正心、修身”是一个“修己”的过程，而“齐家、治国、平天下”则是“安人”的内容。孔子认为“修己”是“安人”的前提和方法，而“安人”是“修己”的最高境界和最终目标。“修己以安人”强调的是一种群体原则。这种原则体现于公务人员与群众之间的关系，具体化为“和”的要求。而“和”是儒道一致强调的基本精神，是中华传统文化的精髓，是建立人与人之间相互尊重、相互信任的关系。

我国政府正在打造服务型政府，政府窗口工作人员面对的是公众，代表的是政府形象，公务人员不仅以个体的方式存在，而且是群体中的一员，并且承担着相应的社会责任。因此，首先角色定位要准，即公务人员是群众的服务员，为人民服务。其次要完善“修己”过程，即：要熟悉业务知识与办事流程，增强自身业务能力，切实能解群众所需；要提高自身修养，为群众办事要注重自己的语境、字句、情感、仪表等细节，满足群众对政府窗口工作人员职业水准的期待，做到服务公平性、公共服务平等化。

4.3 话语表达“刚柔并济”，让群众感受到其话语权被尊重

儒家提倡刚健有为，道家提倡主静阴柔，刚柔并济体现了儒道互补，是构成中国传统文化的主导精神。《现代汉语词典》对其解释如下：刚：坚硬（与柔相对）；（性格或态度）强硬；（意志）坚毅。柔：软；使变软；温和（与刚相对）。可见“刚和柔”是一对相对的概念，它们之间有着紧密的关联。刚能制柔，柔能克刚，二者有着相互转化的辩证关系。在公务人员处理与群众关系上，坚持原则，不畏权势，严格按照流程和制度办事，这代表了一种内里的“刚性”；而语气温和，彬彬有礼，待人接物以人为本，生动活泼又朴实亲切、通俗易懂又情理交融，则是外在的“柔性”。只有刚柔并济才能既贴近服务对象，又能针对对象的疑惑所在、情感所需、利益所求和关注的兴奋点，正确使用话语权，获得认同，收到最佳效果。

4.4 树立“民贵”观念，将话语权交予民众

孟子提出“民贵”思想，强调“民为邦本，本固邦宁”，“民可载舟，亦可覆舟”，这一点强调了要重视老百姓，百姓才是国家安宁的根本。要做到重视百姓，就要安民、养民、利民、惠民、富民、教民。政府窗口工作人员不是政策的制定者，他们所做的就是倾听群众的呼声和心声，解群众所需，急群众所急，也就是让群众张嘴说话。从人际交往的角度看，这个过程就是工作人员和群众双向的信息、思想、情感和愿望的交流过程，借助说、听、问，讲话者与倾听者的角色不断相互转换着，直到最终达成相互理解。

首先，公务人员要“会”说话，做到早说话，多说话，说明白话。而不要像以上所

述，工作人员话语表现出了“失语”“寡语”和“模糊用语”等情况。其次，公务人员要善于倾听，保障跟群众的有效沟通。倾听包括三个层面：听到，即对说话者的口头语言和身体语言信息加以接收的过程。听懂，即对接收到的信息进行“解码”，从而加以理解的过程。确认，即在听懂对方的意思之后，通过复述或提问的方式，对自己是否真正全面、正确地理解了对方的意思进行“印证”，避免自己的理解和说话人的本意不一致。“确认”是对说话者的话进行“回应”或者说是“反馈”的过程，仅有“听”的行为，而没有对表达者的话做出“确认”，很难保障沟通的有效性。只有确认了、回应了，才算完成了整个沟通过程。

参考文献

[1] 顾曰国. http://www.discourses.org.cn/news_view.asp?id=70 . 2008-07.

[2] 李胜梅. “话说回来”的语用分析[J]. 修辞学习，2004(3).

[3] 诺曼·费尔克拉夫. 殷晓蓉译. 话语与社会变迁[M]. 北京: 华夏出版社，2003:144.

[4] 施旭. 话语分析的文化转向:试论建立当代中国话语研究范式的动因、目标和策略[J]. 浙江大学学报（人文社会科学版），2008(1).

[5] 施旭. 话语研究方法的中国模式[J]. 广东外语外贸大学学报，2012(6).

[6] 施旭. 文化话语研究:探索中国的理论、方法与问题[M]. 北京: 北京大学出版社，2010.

A Study on Reshaping Government Staff's Discourse from Cultural Perspective

Abstract: This paper collects 80 government staff's utterances from 4 government departments. Formal and semantic analyses have been done to find the characteristics of government staff's utterances and the power relationship between government staff and the masses. Then based on Chinese traditional ideas and values, suggestions are proposed to reshape government staff's discourse.

Key Words: government staff; discourse; discourse analysis; Chinese traditional culture

作者简介

1. 贾珍霞，女，华北理工大学外国语学院教授，硕士。研究方向：英语教学和话语分析。电子邮箱：jiazx71@126.com。
2. 强月霞，女，唐山师范学院中文系教授，硕士。研究方向：写作学和比较文学。

好莱坞电影中的中国人形象演变及分析

刘胜

摘　要： 好莱坞电影中中国人形象日渐增多，且充满了对中国人的负面解读。作为好莱坞比较常见的文化范型，这种影视叙事模式是以好莱坞视角解读中国文化，对此符号形象的征用能够在潜移默化中影响世界人民对中国人的形象认知。好莱坞试图通过电影建构中国人形象模式，发掘出有利于西方文化范式在世界范围内传播拓展的因素，即否定他者、肯定自我，从而表现出西方文化的优越性。随着中国经济的复兴与强大，好莱坞电影在商业妥协中也在不断变化叙事范式，在对中国人形象的描述日趋正向的同时，仍然存在对其否定的情愫，充满了对中国人形象的焦虑与担忧。中国人作为西方文化的他者形象，从负面衬托到与之抗衡，在好莱坞新近电影中不断得到鲜明表现，另一方面好莱坞电影也在不断修正其电影文化宣传的策略。

关键词： 叙事策略；文化范型；他者；中国人形象；文化焦虑

1 引言

好莱坞的百年发展史上，中国人形象及其相关电影一直层出不穷，几乎代表着美国百年来对中国这个国家的心理情感、政治态度与文化视野。从20世纪30年代前后的傅满洲系列影片到2010年以来的《2012》（2009）、《变形金刚3》（2013）、《环太平洋》（2013）和《白幽灵传奇之绝命逃亡》（2015）等美国电影中，中国元素日渐增多，中国人形象作为一种文化符号通过电影进入世人眼中，从而形成西方人对中国人及中国人对西方人的文化认知。国内外众多学者对好莱坞电影中的中国形象进行了多视角、多层次、跨文化的研究，取得了一定的成果，使人们对好莱坞电影中中国人形象的认识相对深刻起来。

2 国内研究概说

首先是国内研究分析。

（一）身份形象及性别研究。研究者通过对好莱坞电影中的中国人形象的身份与性别特征进行分析，从其婚姻、人生态度与命运遭遇等方面理出好莱坞电影中中国人形象的演变与发展轨迹，通过对电影文本展现出的事实进行考镜源流的认识与探讨，辩明好莱坞电影对中国人形象有意或无意的诋毁或歪曲，指出好莱坞视角遮蔽了对中国人的深层认识，并且通过种族、政治等元素来误导观众对中国人的正确认识，这种隐蔽的电影叙事方式无形中会对世界观众产生潜移默化的影响，造成对中国人形象的刻板认知。

诸多学者以好莱坞电影中的中国男女性别研究为出发点，研究通过中国人言行举止及其所展现的中国国家形象来分析好莱坞对中国人的态度。研究表明，好莱坞电影中存在着对中国男女性别的刻板印象，虽然随着中国国力的强盛，这种刻板印象已有所松动，但并未从根本上改变美国人对中国人的传统认知徐艳（2013）。类似文章有《好莱坞电影中的华人女性》（孙萌，2007）、《好莱坞电影中的中国女性形象剖析》（郝鑫鑫，2014）等。也有学者从男性视角出发，分析好莱坞电影中的中国男性形象，指出电影中中国男性形象的演变有一个历史过程，从被阉割的华人到功夫之王，体现出了中国人形象在西方观念世界中的不断进化。随着一些中国人本身开始从事好莱坞电影的制作与演出，相关的电影逐渐体现出中国人的力量（阿旺，2004）。像《好莱坞电影中的华人男性形象解读》（刘怀生，2009）、《好莱坞电影中的中国男性形象》（戴尔，2008）等文章就属于这个方向的研究成果。

还有学者从跨文化视角出发，通过电影中中国男性与女性各自异国婚姻的不同结局来展现白人男性的魅力，性别的冲突往往通过西方人的拯救出现契机，使得部分好莱坞电影呈现了西方男性至上的观点。并且透过电影，人们也能发觉其背后暗含的种族、性别与政治的意识形态冲突，从而告诫人们要注意好莱坞电影中意识形态的隐蔽性特征（姜智芹，2008）。

也有从比较文学的形象学研究出发，通过对比电影中的中西人物角色，审视一定阶段的好莱坞电影，从电影文本、文化冲突与美学思辨等层面来发掘相关研究的不足，指出新的研究方向与批评视野。有学者从电影中的中国人形象总论研究出发，挖掘出好莱坞电影中的中国人形象的特征，找出得失进行批评分析，甚至认为“西方理论的应用不够中国化”等观点（郝胜兰，2013）。也有从双面中国人形象观点出发，溯推好莱坞电影背后的精神理念，通过对他者想象的现实分析，认为美国文化中存在一种焦虑与担忧，中国人形象演变的表征化体现突破了传统的刻板印象，使得人们对中国人形象的解读呈现出多元化色彩，具体文章有《论新世纪好莱坞电影中的双面中国人形象》（刘珍，2013）、《论西方电影语境下的华人角色的形象学分析》（周雅娴，2011）、《好莱坞电影中的中国人形象演化》（杨玉华，2012）、《美国电影中华人定型化形象研究》（颜袁茜，2012）和《美国电影中的中国形象》（刘蓓，2012）等。

（二）中国文化元素研究。学者们主要通过研究电影中的中国元素来分析好莱坞电影中中国形象的演变，研究视角多元开放，譬如从跨文化视角研究、中国文化特色符号研究、中国自然场景利用研究、中国元素的演化研究等，以此来说明随着全球化的发展，好莱坞电影越发离不开中国元素，同时也给中国电影提供反向参照，促进了中国电影国际化进程的研究。中国学者们通过观瞻好莱坞电影中的中国文化元素，发掘本土化的文化是如何用于他国电影创作的根本，从而获得西方人对待中国文化的思维方式、价值观与电影叙事结构，透过好莱坞电影中中国元素表征化的展现，企图找到好莱坞电影中中国元素的本真。

学者们还通过碎片化的片段，试图找出中国元素在西方电影中的存在方式，以及西方理解中国文化与肢解中国文化的电影叙事策略。针对好莱坞电影对中国元素表征化的展现方式，学者们通过分析批评，指出中国元素在西方电影中得到创新的同时，还应该看到好莱坞电影的宣传策略，即以中国文化面孔承载西方思想的根基，从而达到西方文化宣传的目的。有学者就指出了好莱坞电影宣传策略中的文化企图，通过对好莱坞电影在华传播的历史进行解读，分析了中国元素在好莱坞电影的传播方式及其意识形态运行模式，并对中国电影给予某种期望（武洪昌，2014）。类似的相关论文还有《新世纪以来的好莱坞电影中的中国元素》（张什，2010）、《从跨文化视角解析好莱坞电影中中国元素的演变》（林琳，2014）等。

（三）电影文化策略及意识形态研究。从好莱坞电影发展史来看，好莱坞电影中的中国人形象及中国元素体现了美国的多元文化价值观。通过对不同时期的中国人形象的展现，众多学者巧妙地以实录的方式将含有中国人形象的、不同时期的电影片段加以剪辑，以文化碎片重组的策略，将其与世界历史叙事联系起来，反复解读，不断译释出新意义。学者们不再将电影当做固定的时间作品，而是动态体系的一个个具体构建要件，企图让深刻的思想在细节片段描述中复归本真，这一点与好莱坞电影潜移默化的影响策略如出一辙。

研究将电影中具体的片段放在一起，通过不同的解读，让研究者与观众一道探索，将不同时代不同文化的视频放在一起，避免价值判断的绝对化倾向与单纯政治化表征语言，从而进行分辨，看清好莱坞电影中中国人形象设置的真正目的与意图。文化策略与意识形态在某种程度上是一个叙事文体编织的问题，即人们应该如何通过电影叙事认知电影内容本身及电影放映的真正目的。好莱坞电影中的中国人形象从负面介绍到渐趋正向的转向不仅是时代变迁与经济发展使然，也是好莱坞电影拍摄者的认识不断深化的缘故。因此，电影的制作方式体现出对中国人的主观情感、文化理解与政治企图便不断有更新变化。相关研究也随文化热点的转向而有所改变。

有学者引入萨义德的“东方主义理论”“黄祸论”或后殖民理论来解读好莱坞电影中的中国人形象的叙事策略，由此解构好莱坞电影真实意图（余佳丽、林国淑，2004），从历史演化的角度破解西方人对中国元素的表征化解读，在此基础上促成东西文化的平等交流。有学者梳理了好莱坞电影文化在华的跨文化传播，分析电影推介宣传之得失的根本原因，即主体构建与认同、主体身份的分裂与缺失、认同的分裂、政治嫌隙等因素都会导致电影传播的失败。因此，要能理解好莱坞电影中采取中国人形象与元素的本质目的，从而在全球化背景下把握好莱坞电影的文化宣传策略（张江彩，2012）。

也有学者从政治意识形态层面来解读好莱坞电影里中国人形象背后的中国问题，诸如西藏问题、社会制度问题及中国男女性别政治生态问题等，这些问题多是通过片段的形式向观众们展示西方价值观，在政治上有意分裂中国国家意识。譬如学者在谈及好莱坞电影中的西藏问题时，就认为这类政治气候强烈的电影受到了美国政治的影响（何文华，2014）。有学者以好莱坞电影中的中国国家形象为主题研究，以个人形象代表国家的方式解读好莱坞电影中的中国人形象，透过电影叙事的片言只语来分析中国国家形象在电影中的演变及原因（周文萍，2009）。随着跨文化交际的深入，这种研究必将日趋深化。

3 国外研究概说

国外研究侧重于商业策略、政治意识与文化多元分析的综合研究。譬如好莱坞电影的票房对比研究能反映出中国人对好莱坞电影的接受情况，同时这种票房收入的提高也影响了好莱坞电影中的中国人形象与中国元素的比重（Kwak, 2011）。美国作家Chiew-Siah Tei在其博士论文中说，以对话理论来探讨中国文本在好莱坞电影中的接受问题，以《卧虎藏龙》为例，强调陌生化效果造成了西方观众对电影的认同，而另一方面，中国人形象有别于西方的独特性也是原因之一（Tei, 2007）。有学者从文化软实力方面来探讨好莱坞电影对中国的影响，以及电影背后的政治文化较量。学者France Guo将好莱坞电影《花木兰》与中国传统电影做对比研究，指出好莱坞以美国人的思想重新塑造花木兰形象，使其成为具有美国思想的中国卡通人物。而2009年中国版的《花木兰》一反好莱坞观点，重树中华文化精神，强调为国为民一任牺牲的奉献精神，在模仿好莱坞的同时也在对抗好莱坞商业文化（Guo, 2013）。早在1994年，美国学者Logston就撰文说，随着中国的开放，好莱坞也在开始文化殖民中国，它不仅会获取商业利益，也会垄断中国电影市场（Citron, 1994）。

好莱坞电影从早期加入中国元素以来，就对中国人的传统认知、他者文化想象与种族优越感等因素进行整合来构建他们心目中的中国人形象与身份，且在不同时期呈现出不同的形象认知。这种形象认知不仅是一种符号资本和身份的标志，甚至是交流的工具。随着电影的传播，观众会形成对中国人的刻板印象，甚至中国人作为一种文化他者，对立于美国民族，一切美国人的秉性优劣都可能通过中国人反映出来。当《大地》（1937）这部电影上映，中国农民形象再次成为美国人讨论的对象，这源于电影的原作者赛珍珠也是美国人，她在中国生活很多年，对中国人的认识超越当时美国人对中国人的想象。

当人们以中国人作为电影中的认知对象时，中国人整体形象就在无形中被分割，以至于出现不同类型、不同特征的中国人形象，20世纪70年代李小龙电影在美国上映时就改变了美国人对中国人的原有认知，也使得中国人形象变得复杂起来。

因此，在好莱坞电影中出现的中国人形象与元素多是借用中国文化文本来进行西方人心理分析，无论是叙事策略、叙述结构，还是人物功能，都承载了西方人对中国这个国家的认识，这种电影的中国文化符号只不过是西方思维的体现罢了。人们倒是可以从中研究好莱坞的商业帝国文化与政治美学思想，使得观众对中国人形象的认识形成刻板的套路效应，从而在娱乐的同时教化西方人对中国形象的一致认同。更多的学者通过比较研究，深入分析好莱坞电影中商业模式与政治思维的双关性表达，以此来证明西方电影对中国文化的认识存在误解，或是要达成某种意识形态领域的共同认知，使电影观众能够主动释放自己对电影的认识。

在国外的相关研究中也同样存在着意识形态的差异性研究，不少学者从历史、政治对抗、种族思想、意识形态冲突等来研究好莱坞电影中的中国人形象问题，他们从“黄祸论”谈起，到好莱坞电影中的中国人形象（李小龙功夫电影）颠覆性变化，表达了对此研究的不同观点。美国历史学家Ashley Isola在多本著作及论文阐述了电影中的异族文化表达现象，以李小龙电影为例，通过好莱坞电影中的功夫形象再创造的事实，来证明电影中存在着对中国人形象的表征化理解。他认为电影对亚洲地区人们的早期偏见源于黄皮肤带来的灾难，中国人形象的样板化严重影响了美国人对东方的正确认知（Isola, 2015）。在另一篇早期文章中，他以李小龙拍摄电影的动机为例，说明第三世界的遗产是一个值得争议的问题，他认为电影中中国人形象的负面主要在于种族差异与不平等，因此有关中国人的形象多存在着争议（Isola，2003）。

甚至2005年好莱坞电影《艺伎回忆录》（*Memoirs of a Geisha*）也引起人们对中国人形象问题的思考，世界范围内的学者从种族差异文化歧见、与性别政治等视角纷纷表达观点。他们表达了几点类似的认知，即好莱坞电影中存在着对东方性别的类型化看法，他们臣服于西方先进文化，是一种新型的东方主义观。人们对中国人的兴趣在于异域文化、狂野风情与无拘无束，这也直接导致了电影中中国人形象、尤其是女性易于顺从同化，而中国男性形象常常是矮小猥琐、阴暗卑鄙、唯唯诺诺的小人情态（Viruega, 2010）。这种定型化的制作方式显示了西方中心主义的某种心理思想，相对于所谓东方中国人形象，好莱坞电影制作者们往往容易在定性词汇的选择使用方面先入为主，然后进行情节叙事展开故事。

即使在中国人自己导演的好莱坞电影中，美国思维也是不能放弃的。只有在“尊重”的立场上方可发出中国人自己的声音。譬如导演王颖的一系列作品，力求表达一个主题，即喊出自己的声音（Articulating a voice of our own）。毫无疑问，在好莱坞电影中，中国人形象的表征化导致了中国人多元声音的迷失，从而出现自我贬低与身份危机感（Li）。这种情况只有在中国经济发展、好莱坞需要中国巨大市场的时候才得以改观。

4 范型塑造与文化认知

表征（representation）（吴宗杰、胡美馨，2010）是对现实或电影中的现实进行话语的再诠释，以一种确定、定性的描述来对事物进行快速的定义与认知，它既反映电影的实际情况，也能帮助构建现实。好莱坞电影在展现中国人形象时，容易用表征化的语言来解读中国，随着久而久之潜移默化的影响，这种判断与价值反过来又会影响观众对中国人的理解，甚至成了一部分对中国不满意的美国人理解自身文化的一种范式，从而渐使中国文化迷失在那种类型化的特征表达中。审视好莱坞电影中的中国人形象，首先要弄清电影塑造的中国人形象范围与类型，以及制造和拍摄这种形象的根源、方式与方法。这种视角对于中国研究者而言，是民族共同体的产物，是集体无意识的自我认知；对于好莱坞拍摄者而言，则是一种基于现实之上的想象与虚构，是对中国文化精神的某种分割后的再创造，以契合美国精神合情合理的表达。随着历史的变迁，好莱坞电影制作人对中国的认识或误解不断加深，加之政治歧见与意识形态的差异，因此他们构建出来的中国人形象呈现出多种多样的特征，但整体偏于碎片化的认知描述与别有用心的定性解释。

在好莱坞电影中，中国人的形象多是以片段的形式出现，或一闪而过，即使这个角色有大量戏份出现，最终还是作为白人主角的衬托。同样，以中国人为主角的电影中，尽管肤色为黄，但出演的主题却又是美国文化特征的，要么也是作为美国文化的想象对立面存在，以迎合观众对异国文化的猎奇发泄心理。在相关研究论述中，中国人的形象多分为五种类型（刘苏宁，2014：17），分别是官员、黑帮分子、间谍、下层平民与商人等，他们分别有不同的性情特征，且多为负面。这五种类型基本符合电影对中国人形象的塑造，表现出了美国社会对中国人形象的刻板认识与政治偏见。

美国普渡大学学者宋伟杰从历史的角度将好莱坞电影中的中国人形象进行展述，将其分为六类，认为中国人形象经历了一个从邪恶到逐步正向的过程，并对中国人形象进行归类（宋伟杰，2015）。由此人们可以从民族国家与种族视角解读不同文化中作为文化他者的中国人形象，以挖掘出美国对个人主义自我价值观、文化想象、文化策略与政治意识形态等方面进行推销宣传的真实企图。此外，我们不能忽视的是，电影中的文化话语霸权，容易将异族形象表征化，即以简单归类、抽象标准、刻板范型等来定义中国人形象，从而让观众在易于接受美国价值观的同时，矮化中国人，如此方可达到教化与宣传的双重目的。

表征化的范型塑造容易让人们一下子把握某类型人物的基本特征或偏见，它虽然具有模式化的故事情节与表达特征，却宣扬了当下的主流意识形态与人们对事物的认知，从而达到维护主流意识形态与社会价值观念的作用。因此，对此展开研究，对表征化的范型进行解读定性，其目的是要通过对以往好莱坞电影中的中国人形象进行描述，指出其存在的历史价值，以达到对好莱坞电影发展史的侧向认识，并且能够颠覆好莱坞电影对中国人形象的单向歧见，从而解构此类电影对中国人形象的传统认知，使之在今后的制作中更加切合实际。同时，对此类电影中的中国人形象进行解读，也是为中国电影创作提供参照，从而避免刻板化的制作，使得中国电影创作能够产生文化意识上的自觉，而不是仅仅根据社会经济发展状况、电影工业本身对电影形象做出类型化创作。最近我国的抗战电影中的日本人形象显示出与好莱坞电影对中国人形象类似的认知特点，这是值得警惕的现象。

一方面，人们需要了解好莱坞电影有关中国人的形象表征化叙事的原因，进而完成对这一范型塑造在文化上的认知，这种研究具有积极的社会意义。从好莱坞电影发展史上，人们也能窥出好莱坞电影有一个迎合社会需要、文化上兼收并蓄的过程，这与电影作为大众文化的重要内容密不可分。当初，约翰·费斯克在罗兰·巴特的文本分析基础上提出“生产者文本”，以区别于“读者式文本”（约翰·费斯克，2006：127），两种所谓文本在不同的背景与主体那里会产生多文本意义，好莱坞电影在教化观众的同时还需要考虑到观众的需要。在电影的文本分析方面，影视文本的意义生成策略是一种单向的设定，要么鄙俗过度，要么浅白简单（139，146）。这既是缺点，又是电影表征化叙事的优点，即它能够引起批评者足够的空间去建构新的意义，从而引发人们对好莱坞电影新维度的思考。

透过这一理论，我们可以发现，对好莱坞电影中国人形象的认识，可以从那些表征化的图像本身去描述。尽管我们说，好莱坞电影中的中国人形象是在不断演变的，从负面否定到正面肯定，这也只能是表征化的批评话语，并不能从根本上认识中国人形象演变的文化本质。

以傅满洲系列电影（Dr. Fu Manchu）为例，在电影中，人们看到的是一个博学多才却邪恶万分的混蛋，精通多国语言，常与警察斗智斗勇。这在当时反映的是美国人受“黄祸论”的影响，反映出当时的美欧人士对中国人的警觉，因此电影作为当时的“生产者文本”必然要反映当时的社会现状及当时人们对中国人的认识。反过来，从观众层面来看，这种对中国人形象的认识会有多元的解释，所谓读者式文本无限丰富，不同地域文化的观众解释会有所不同，正如电影《拯救大兵瑞恩》在美国首映时，人们看到的是感动，是人性的善良。而在德国观众看来，这部电影隐藏着人性的虚伪，所谓只有正义一方的人民才是善良的，而非正义一方的民众任人杀戮。因此，同一部电影，不同文化地区的观众解读是不一样的。如果都以此表征对待彼表征，那只会形成文化交流中的隔阂，这样交流不是为了更好地理解，反而会增加冲突。从中国观众的角度来看，傅满洲系列电影丑化了中国人，并且用心恶毒，增加了人们对好莱坞电影的憎恶感。其根本原因在于缺乏彼此交流所需要的文化理解、文化互信和思想包容。不容否认，这种电影对中国人的认识有失偏颇，甚至在误解误释。

好莱坞早期的另一系列电影侦探陈查理（Charlie Chen）却与之形成鲜明对比，趋向另一个极端。陈查理绝顶聪明，是办案高手。在他身上又体现出与白人英雄不一样的特征，这正好弥补了当时美国所欠缺的东方元素。如果中国观众看了这些电影，势必会有不同于傅满洲电影的感受。但是二者皆有共性特征，即二人都是聪明厉害的人物，一个对社会构成威胁，一个保护社会安全，一个妖魔化，一个顺从化，反映美国当时社会对中国人的两种极端认知，既爱又怕，焦虑顾忌。

以中国文化视之，这些电影虽然充满了对中国人的歧视与负面解读，却也给人们留下无穷的领悟空间，即要以超越表征的评价方式来理解好莱坞电影中中国人形象的变迁，它不仅仅是对问题做出解释，而关注这些电影本身的范式表达，把握此种演变的规律与趋势，从而更好地促进交流。以表征化范式来理解中国人在现在看来显然是不够的，好莱坞需要做出改变。

电影作为高度技巧的、完整自足的客体，值得人们尊重和研究。中国人形象只有在互动交流中才会产生意义的丰富性。这种丰富性随着历史的流变也在不断地发生改变，从而导致约翰·费斯克所说“文本互文性”（151），在好莱坞电影进化过程中，电影制作者会从生产者文本出发，他们有改观与尝试的必要，在策略中需要考虑社会意识形态、经济架构、权力话语，从而构建新的表达范式，并通过观众的观赏重新塑造自己与社会。这种电影中的生态格局会影响今后的电影生产，并在文化交流、思想对话方面开辟出新的文化生存空间。

5 范式转变与文化焦虑

好莱坞电影中国人形象的直观表征化其实是西方电影话语体系的体现，掩盖了对中国人背后的国家形象的完整认识。这一范式策略只会导致中国电影观众的抵制与不满。甚至由Clive Donner执导的陈查理续集在1981年上映时还受到华人的抵制，原因就是电影过分宣扬了华人对白人顺从的观念。因此，在搞清楚文化范型与表征化特征之后，有必要梳理好莱坞电影的中国人形象塑造范式，从而找出问题症结之所在。

以时间为轴，我们会发现好莱坞电影中中国人形象演变有这样一个大致趋势，早期从边缘劣民形象到20世纪40年代的抗战友好电影形象，到1949—2000年这一时期意识形态电影形象，再至今日从边缘逐渐向中心过渡的电影形象（刘蓓，2012：29–33；方艺玲，2008：13–41），电影人物也从单一负面形象趋向多元，主题也从意识形态为主到逐渐转向经济市场，电影内容从电影表达禁区到社会热点追踪。这种现象有助于思考好莱坞电影今后的发展趋势以及中国电影的自身发展策略。

因此，只有在了解好莱坞电影拍摄特点基础上，质疑电影当中习以为常的生活方式、思维习惯以及特定的政治偏见，我们才有可能形成新的电影表达方式。当《阿甘正传》中讲到中国的乒乓外交时，中国的形象就已经在美国人心目中形成了偏见。事实上，回到好莱坞20世纪40年代拍摄的电影，人们会发现，由于当时中美是盟友关系，因此相关的电影显示了抗战中的友好关系，譬如1942年上映的《重庆来的女人》（*Lady from Chungking*）与1943年的《轰炸缅甸》（*Bombs over Burman*）都显示出了中美当时的某种实质性的友好关系。除此之外，更多的电影是宣扬了西方思想至上、白人赢得中国美人归的优越理念。事实上还有几部迥异于前面提及的电影，如《生死恋》（1955）、《苏茜·黄的世界》（1960）等，因而不能简单定性好莱坞电影中的中国人形象，对电影的阐释需要以文本的历史性为前提，结合史实容易得出结论，即好莱坞电影是随着中美两国政治经济文化交流情况而有所不同。

中国大部分观众很不认同好莱坞电影中有关中国人的人生态度、处事方式及思维方式，要理解电影所展示的美国文化对中国观众来说也是挑战。因此，我们也要避免对好莱坞电影的叙事策略做表征化批评，不能单纯地简单总结了事，必须进行范式转变，从而达到认知的共识。一方面，我们要看清好莱坞电影带来视觉冲击对中国产生的积极影响，需要人们怀着开放的姿态从传统认知中走出来；另一方面，也需要我们把电影放到一个更加广阔的社会历史空间中去，以此提升电影的多元精神内涵，为我们的电影创作找到新的途径。

事实上好莱坞电影并不是一个单一的文化娱乐生产机构，它融合了美国电影审查制度、军方背景、政治力量、经济要素等，因此要真正认清好莱坞电影的特点，还有必要从整体上认知此类型电影的生产与制作的过程。电影《2012》《环太平洋》等系列大片中，人们都能看到美国五角大楼的身影，甚至是军方亲自派人进行指导操作。自20世纪20年代以来，好莱坞就采用军方设备制作电影，甚至中情局也参与其中（阿尔福特，2012：10–16）。从此可以看出，好莱坞电影的拍摄制作并不是简单的电影本身制作，其文化产品的生产严格地受到外在力量的限制与监视，目的是宣扬美国的价值观。我们甚至不能忽略任何一个电影中的细节，这些细节看似可有可无，其实是别有用心。譬如在电影《大鱼》（2003）中故事主人公前往东亚作战，却进入中国境内，打倒几个中国士兵，并且带走了向往美国文化的同体双胞胎党员。几个镜头看似简单，却包含了美国特定人群对中国的认知与有意误导。在《2012》中，虽然是中国军队制作了方舟，可是强大的美国为何不能制造呢？原因很直白，只有专制主义国家才有可能造得出这样的机器。

在消费主义盛行的今天，人们在观看好莱坞电影时，也在消费它们的政治文化与军事企图。在全球化背景下，经济系统、制度文化的不一样会使国家之间产生不信任感，这在冷战时期有关中国人的电影中可见一斑。好莱坞电影充斥着一种强烈的社会情感与基督救世的精神，甚至宗教与美国价值观成为和平演变的武器，他们将精神转化为娱乐化产品并作为文化符号对外输出，以强调突出西方的价值观与对中国的某种情感。在一定程度上，这种电影的消费犹如超市商品一样，也会存在着别有用心的营销。在《年度街舞大战》（2013）中，中国观众受到励志的同时，也会消费美国的另一种文化意识，即里面的台湾问题意识。在电影的结尾处，中国台湾地区的舞蹈队出现了，并且是作为一个国家出现的。这个镜头看似无奇，却是别有用心，随手的一幕幕影像表达都是美国观点，电影总是向不同地区的观众宣扬了些什么。一旦中国观众对此习以为常的时候，也正是他们达到目的的时候。所以不转变我们的认知范式，也许会产生一些文化焦虑。

文化焦虑既是电影制作方面的，也是电影观众方面的。譬如上述电影就是美国人认为要输出他们的价值观就必须采取的一种策略，但也会让中国观众产生“美国人怎么这样对我们”“我们应该怎么办”的意识。对好莱坞电影而言，这种拍摄制作方式首先是一种自我消费，它来源于宗教热情、政治意图或是军事征服，透过电影简短镜头的展示，至少表达了美国部分群体的欲望。某种程度上它是资本主义欲望扩张的体现，需要通过特定的情节或画面完成他们所设想的目的（理查德·桑内特，2010：107）。这样做的目的是对宣传制作方是有用的，至少对那些消极被动或不同政见的观众是有用的。

在《摇滚夏令营》（2008）中，女学生撒谎说，她爸爸在中国经营唱片公司，当场就赢得其他同学的赞赏与羡慕。电影台词非常简单，却向人们暗示出中国这个巨大的市场对美国的诱惑力。好莱坞近些年来的电影更多地展示了这种倾向，但似乎还是心有不甘。比较这些电影中的细节，人们会发现，好莱坞电影也充满了文化与经济的焦虑，随着中国经济的发展，这种感觉会日渐加剧。

这种焦虑来自于几个因素。首先在政治上，全球多极化致使美国的霸权渐渐衰落；在经济上，受到了新型经济体的影响，美元的霸主地位受到威胁；在文化上，多元文化的兴趣使人们对美国的价值观产生怀疑。在电影中的表现就是中国元素的增多，从《功夫熊猫》（2008）、《功夫之王》（2008）、《阿凡达》（2009）、《变形金刚2》（2009）、《花木兰》（2009）到《地心引力》（2013）、《钢铁侠3》（2013）等，人们都能看到中国人形象或是中国元素。现在需要思考的问题是，好莱坞这样做的目的是什么？是要寻找东亚认同中的“西方”，还是跨国资本导致国际化全球化？美国电影还能跳出意识形态的范畴，对中国保持友好的态度吗？事实上，一旦有价值观的输出，就必然存在着强加与施予，2000年之前的电影中对中国人形象的负面构建与文化想象是要打垮它所对立的东方价值观，因此电影会以价值观的显现来影响人的意志，促使观众产生改变，认同美国价值观。而中国的对外开放恰恰迎合世界潮流，于是全球化背景下，在世界政治经济文化交往中产生冲突与共融，甚至出现了“麦当劳统治、麦当劳同化”的现象（阿里夫·德里克，2012：230）。不可否认，美国快餐文化在中国也发生融入本土化的变化，以求得应时就地的发展空间。好莱坞电影也同样如此，要想在中国赢得市场，也需要做出牺牲与改变，以一种迎合中国文化价值观的新产品来取悦中国观众。

现实是，我们仍然能够在诸多好莱坞电影中找到对中国人的刻板印象，即使在现代条件下好莱坞做出了让步，但在人物正向化的同时，仍可发觉有丑化中国人的证据。譬如《谍中谍3》（2006）中上海市镜头中出现中国的小广告，《功夫之王》中的中国参与走私军火，《变形金刚》中美国人对中国黑客的态度等诸如此类的镜头都能反映出美国部分人对中国的态度。当中国越来越明确表达要求好莱坞电影正向描述中国时，这种表达方式与观念还是受到来自美国方面的某种抵制。2013年中国电影公司在美国出席中美电影高峰论坛时提出好莱坞要多拍中国正向人物，还是遭到了美国保守人士的批评（Patten, 2013）。新闻下面的跟贴足以表现部分美国人士的担忧，这部分人既批评中国，又指责好莱坞的妥协。《钢铁侠3》甚至拍出两个版本来迎合不同地区的人们，中国的版本比美国版多了4分钟；《变形金刚4》（2014）制片方在拍摄方面与中国的合作纠纷不断。由此可见好莱坞在发展中自身也充满了矛盾与焦虑。

6 结语

好莱坞长期以来有关中国人形象的电影总是泾渭分明，留下了时代与意识形态的烙印，即使在当下，其电影也纠缠着大国的政治经济语境中的各种复杂因素。美国价值观的输出与庞大的中国市场共同构成好莱坞电影的焦虑情结，使电影出现了许多矛盾的镜头与画面。如何跳出这一历史语境，避免表现中国人的刻板印象的同时，又能赢得中国市场和中国观众的尊敬，是好莱坞一段时期需要挣扎着解决的。而中国观众的品位与鉴赏力的提高使得对好莱坞电影中的中国人形象要求也越来越高，这一切表明，好莱坞电影不能是自我想象的创造，更应该考虑到中国人的实际需要。

当我们说好莱坞电影要去掉由于时代偏见、意识形态差异、文化歧见而生成的对中国人形象的表征化叙事时，中国观众也需要避免类似的表征化评论，纠正的那些自我中心、自我优越、自我霸权的观念。通过梳理好莱坞百年发展史，在中国文化对照下，破除旧俗陈见，注重交流与对话，加强中美影视跨文化的合作，以宽容多元的态度寻求自身的突破，丰富影视文化，才是我国电影走向世界化的必要条件。

参考文献

[1] Citron, A., Ellaer, C. *Hollywood Moves to Colonize China*[J/OL]. http://articles.latimes.com/1994-04-26/business/fi-50550_1_chinese-movie-theaters.

[2] Isola, A. *Yellowface, the Yellow Perial, and the Rise of the Kung* Fu[J]. *TCNJ Journal of Student Scholarship*, 2015(17):1–5.

[3] Isola, A. *Bruce Lee and the Anti-imperialism of Kung Fu: A Polycultural Adventure*[J]. *Positions: East Asia cultures critique*, 2003(11):51; 64–69.

[4] Tei, C. S. *Chinese Texts, Western Analysis: From Film to Novel*[D].University of Glasgow, 2007.

[5] Patten, D. China Wants to See More “Positive Chinese Images”. From Hollywood, *Government Co-Production Chief Tells Confab*[J/OL]. http://deadline.com/2013/11/china-film-us-china-film-summit-iron-man-3-627911/, 2013-11-05.

[6] Guo, F. *China's Nationalism and Its Quest for Soft Power through Cinema*[D]. University of Technology, Sydney, 2013: 81–101.

[7] Viruega, I. B. *Re-presenting Asian Stereotypes in Hollywood Cinema: An Analysis of Race and Gender Representations in Memoirs of a Geisha*[J]. http://193.147.33.53/selicup/images/stories/actas4/comunicaciones/minorias/BELLO.pdf, 2010:11.

[8] Kwak, J., Zhang, L.Y. Does China Love Hollywood? An Empirical Study on the Determinants of the Box-Office Performance of the Foreign Films in China[J]. *International Area Studies Review*, 2011(14):115–140.

[9] Li, Y.F. The Other Speaks: *Wayne Wang's Films in Hollywood Cinema*[C]. http://comm.louisville.edu/iic/books/mx1/MX_Volume%20I_243-252_LI.pdf.

[10] 阿尔福特，杨献军译.好莱坞的强权文化[M]. 北京: 经济科学出版社，2012.

[11] 阿里夫·德里克，王宁等译.跨国资本时代的后殖民批评[M]. 北京: 北京大学出版社，2004.

[12] 阿旺.黄色脸庞中国力量——好莱坞电影中的中国人[J]. 电影画刊，2004(4):49–51.

[13] 戴尔.好莱坞电影中的中国男性形象[J]. 发现，2008(7):58.

[14] 方艺玲.美国电影里的中国人形象[D]. 福建师范大学，2008.
[15] 郜鑫鑫.好莱坞电影中的中国女性形象剖析[J]. 新闻世界，2014(05):234.
[16] 郝胜兰，季水河.美国电影之中国人形象研究述论[J]. 湘潭大学学报(哲学社会科学版)，2013(3):101–105.
[17] 何文华.20世纪90年代好莱坞电影中的美国西藏观解读[J]. 四川师范大学学报（社会科学版），2014(3):146–151.
[18] 姜智芹.爱情禁忌与拯救神话：好莱坞电影中的中国男人与中国女人[J]. 济南大学学报(社会科学版)，2008(6):37–42.
[19] 理查德・桑内特. 李继宏译.新资本主义文化[M]. 上海: 上海译文出版社，2010.
[20] 林琳.从跨文化视角解析好莱坞电影中中国元素的演变[D]. 辽宁大学，2014.
[21] 刘蓓.美国电影中的中国形象[D]. 上海交通大学，2012.
[22] 刘怀生.好莱坞电影中的华人男性形象解读[D]. 山东大学, 2009.
[23] 刘苏宁.近年美国情节系列剧中中国人形象研究[D]. 湘潭大学, 2014.
[24] 刘珍, 刘郁琪.论新世纪好莱坞电影中的双面中国人形象[J].当代教学理论与实践，2013(11):202–205.
[25] 宋伟杰.美国电影里的中国形象[J].http://www.literature.org.cn/Article.aspx?id=16738, 2015-04-20.
[26] 孙萌.好莱坞电影中的华人女性[J]. 世界文学评论，2007(02):286.
[27] 吴宗杰, 胡美馨.超越表征：中国话语的诠释传统及其当下观照[J]. 文史哲，2010(4):5.
[28] 武洪昌.论当今好莱坞电影的中国元素[D]. 山东师范大学, 2014.
[29] 徐艳. 20世纪90年代以来好莱坞电影中的华人女性与中国形象[J]. 当代电影，2013(5):185.
[30] 颜袁茜.美国电影中华人定型化形象研究[D]. 吉首大学, 2012.
[31] 杨玉华.好莱坞电影中的中国人形象演化[D]. 外交学院, 2012.
[32] 余佳丽, 林国淑.好莱坞影像中的"东方主义"思维[J]. 电影评介，2007(24):6–8.
[33] 约翰・费斯克.王晓珏, 宋伟杰译.理解大众文化[M]. 北京: 中央编译出版社, 2006.
[34] 张江彩.好莱坞电影在中国的跨文化传播[D]. 陕西师范大学, 2012.
[35] 张什.新世纪以来的好莱坞电影中的中国元素[D]. 中国艺术研究院，2010.
[36] 周文萍.当今美国电影里的中国资源与中国形象[D]. 暨南大学, 2009.
[37] 周雅娴.论西方电影语境下的华人角色的形象学分析[J].考试周刊, 2011(49):33–34.

The Evolvemend and Analysis about Chinese Images in Hollywood Films

Abstract: More and more Chinese images appear in Hollywood films nowadays, but most of those characters perform as supporting roles, which can be deduced that many biases and misconceptions about Chinese in various aspects still exist among westerners. Accordingly, such kind of narrative formation and pattern, as popular cultural pattern in Hollywood film creation, interprets and processes Chinese culture from its own perspective, in which Hollywood could promote its specific value about Chinese to the world and influence the insight of the film audience. Hollywood tries to reconstruct Chinese images by films, and then digs out these extending elements for promoting western values and culture. It mainly proclaims its superiority of western culture by denying Chinese images and affirming themselves. Along with China's economic development, Hollywood filmmakers have to adjust their narrative discourse and patterns to go after Chinese market out of commercial compromises and necessity. Some filmmakers begin to take strategies of positive interpretation to describe China and its culture, but meanwhile, they still have anxieties and concerns about Chinese characters in films. On one hand, as the other images contrast to Western culture, Chinese characters experience the evolvement from negative ones to positive ones, even as respectable opponents to westerners, are demonstrated increasingly and clearly in recent Hollywood films. On the other hand, Hollywood also continues to update relative strategies of its film promotion and culture export.

Key Words: narrative strategy; cultural paradigm; the other; Chinese images; cultural anxiety

作者简介

刘胜，安徽枞阳人，1978年生，池州学院外语系讲师，主要研究方向：话语批评、比较文化。

电子邮箱：lsznz@163.com。

意识形态：批评话语分析的批评[①]

刘程

摘　要：论文以批评话语分析的关键词“批评”“话语”“分析”“意识形态”为线索，梳理其理论基础、数据来源、方法论及目标领域，并对批评话语分析的得失展开批评。

关键词：批评话语分析；理论基础；数据来源；方法论；批评

1 引言

批评话语分析（Critical Discourse Analysis，以下简称CDA）出现于20世纪90年代，Teun van Dijk、Norman Fairclough、Gunther Kress、Theo van Leeuwen、Ruth Wodak等人在阿姆斯特丹大学的支持下，以研讨会的形式互相沟通、共同讨论、进行研究，形成CDA小组（CDA Group）（Wodak & Meyer, 2009）。CDA脱胎于以《语言与控制》一书为肇始和代表的批评语言学（Critical Linguistics），以意识形态为指向的批评话语分析分支所受影响尤为显著（Fowler & Kress, 1979）。但是，“CDA从来没有宗派（sect）的形象，也不希望有这么一个形象。”（Wodak & Meyer, 2009）因此，可以说，CDA是一个松散的、由具有类似研究气质和风格的学者构成的研究群体。他们所借用的理论模式、数据文本、研究方法都呈现出较大的差异性，而研究气质和风格都呈现出强烈的现实指向和社会关怀。

本文以批评话语分析的几个关键词“批评”“话语”“分析”“意识形态”为线索，梳理其理论基础、数据来源及其方法论，并对CDA的得失展开批评，以期为国内的CDA研究和孔子学院跨文化传播影响力研究厘清思路和研究方法。

2 批评：理论基础

CDA从来不提供某一种具体的理论，它所借用的理论模式是多种多样的（Wodak & Meyer, 2009）。所有的社会学理论和社会心理学理论都能在CDA中找到一席之地（van Dijk, 1988）。Ruth Wodak列举了CDA所借用的一些重要理论，如认识论（Epistemology）、一般社会理论（General social theories）、中层理论（Middle-range theories）、微观社会学理论（Micro-sociological theories）、社会心理学理论（Socio-psychological theories）、话语理论（Discourse theories）、语言学理论（Linguistic theories）等（Wodak & Meyer,

① 基金项目：本文系2012年国家社科基金项目“孔子学院跨文化传播影响力研究”（项目号：12BXW035）、2013年度华南理工大学中央高校基本科研业务费资助项目“孔子学院的跨文化传播影响力研究——以英国为例”（项目批准号：2013XMS12）的阶段性成果。

2009）。其所借用的理论模式决定了CDA研究群体的不同取向，如Norman Fairclough的话语实践分析、Teun van Dijk的社会认知研究、Ruth Wodak的历史话语分析、Gerlinde Mautner的语料库话语分析等。

总体而言，CDA是20世纪语言学转向的一个必然结果。现代语言学之父索绪尔从结构主义的观点出发，把语言研究局限于纯粹的"死"的语言，在为语言研究提供素材便利的同时，把日常生活中活生生的言语挡在了门外。或许正是看到这一缺陷，也发觉自己前期所持的逻辑语言观的不足，奥地利哲学家维特根斯坦指出，"这种纯粹的逻辑语言只是一种要求、一种理想，是人工构造的产物，理想语言并不比日常语言更好、更完满。一旦我们考察实际的语言，它与我们的要求之间的冲突就变得尖锐，而有变为空洞之物的危险，因此，维特根斯坦呼吁：'我们需要摩擦力。回到粗糙的地面上来吧！'维特根斯坦把逻辑语言称为'符号语言''抽象的语言'，它是对我们陌生的语言，在这种语言里，我们并没有感到是在家里，'因此，逻辑也必须研究这种日常语言'"（刘程，2009）。维特根斯坦进而提出，日常语言的语词并没有一个本质的意义，或在现实世界中对应一个固有的事实，语词的意义存在于特定的语言游戏当中，"意义即用法"（刘程，2009）。CDA正是以此为哲学出发点，将视线转移到日常话语，开辟出一片研究新天地。

德国哲学家伽达默尔是哲学解释学的集大成者，他认为，理解是带有前见的理解。所谓前见，简言之，即是先入之见。从传统和权威的角度看，权威和传统都是一种理性的活动，人的权威不是基于服从或抛弃理性的行为，而是某种承认和认可的行动，承认他人在判断和见解方面超过自己，权威依赖于承认，理性地知觉到自己的局限。传统作为一种理性的保存活动，对我们而言是一种范例和借鉴，是一种对自身的重新认识。伽达默尔通过为权威和传统正名，肯定了二者在理解活动中的积极作用，同时也就肯定了理解的历史性和开放性。"理解甚至根本不能被认为是一种主体性的行为，而要被认为是一种置自身于传统过程中的行动，在这过程中过去和现在经常地得以中介"（汉斯，1999）。伽达默尔肯定了前见、成见甚至偏见在理解中的作用，注重考察文本的历史性及文本间性，这一点深刻启发了Roger Fowler、Gunther Kress和Ruth Wodak。Roger Fowler和Gunther Kress谈到，每一次批评分析都以某种预设（hypothesis）为出发点，即认为文本有着与社会结构相关联的含义（Fowler & Kress, 1979）。Ruth Wodak说，"CDA的研究方法植根于解释学，而不是分析演绎的传统。"Norman Fairclough意识到解释学过于强调文本及文本与文本之间的关系，而忽略文本与社会现实的紧密联系，如面对面的交流对话，但是，"这并不意味着我们排斥解释学的方法"（Fairclough, 2010）。归根结底，CDA的精神特质都是解释学的，毕竟每一种理解都是解释。只不过伽达默尔的解释学更多地走向文本和历史，而CDA更侧重于社会现实，显示出强烈的社会责任感和社会干预意识。

CDA公开宣称最多的理论来源是韩礼德的系统功能语言学理论。Robert Hodge和Gunther Kress（1979，1993）在《作为意识形态的语言》一书中全面采用韩礼德的语言结构模式［及物性(transitivity)、情态(modality)、转换(transformation)、分类(classification)］，深入分析话语及语篇中的意识形态。如谈到分类时，认为"分类是控制的一种工具"。"分类通过两种途径进行控制：在'科学'的意义上，控制社会现实经验的变动；在'社会学'的意义上，控制社会现实的观念。"Roger Fowler明确宣称："考察语言结构与社会价值之关系的最好模式是韩礼德及其同事所构建的模式，这正是我的基础。”（Fowler, 1991）在谈到语言由社会塑形并塑造社会时，Norman Fairclough（2010）指出，我们需要一种语言学理论，比如韩礼德的语言系统功能理论，即语言的概念功能、人际功能和语篇功能。Tony Trew（1979）运用韩礼德有关“及物性”的理论分析新闻报道中的意识形态，Roger Fowler和Gunther Kress（1979）明确表示对韩礼德理论的追随，Ruth Wodak和Theo van Leeuwen也毫不隐讳对韩礼德的敬意，其进行的研究很大程度上源自韩礼德的理论（Wodak & Meyer, 2009）。即使偏向于运用社会认知心理学进行话语分析的Teun van Dijk，在其早期也运用韩礼德的理论分析话语中词语、句式、主题、顺序、修辞手法等所蕴含的意识形态（van Dijk, 1984, 2008）。

CDA不满足于对话语的批评分析，而是通过对话语中体现出来的社会问题，如贫困、不平等、权力滥用、缺乏自由、控制、种族歧视、偏见等进行揭露、批评并改变社会，帮助解决社会问题，指引社会方向，应对资本主义危机，并为其找寻出路。因为在CDA研究群体看来，话语本身就是一种社会实践，是社会发展进程中不可或缺的一部分。

3 话语：数据来源

CDA以话语为研究对象，话语的重要性显而易见。Siegfried Jäger和Florentine Maier（2009）借用Link的定义，从话语与权力的关系出发，认为“话语是一种程式化的说话方式，它控制并强化行为，因而发挥权力的功效”（Fairclough, 2010）。可以把话语比做时间长河中的知识流，不同话语之间紧密联系，形成社会性的话语体系。话语不只是社会实践，不只是反映现实，同时，话语创造现实、体现权力。或者毋宁说，“话语就是现实。”话语先于个人而存在，每个人都参与话语的生产，但是，不是个人或团体在控制话语，控制话语的是某些有权势或权力的政治家或团体，因为他们比其他人更有权力，如深入媒体的优先权或更强大的财力资源等等。

“话语是一种多维的社会现象。它是一种语言现象（词句），一种行为（声明或威胁），社会交往的一种形式（如交谈），一种社会实践（如演讲），一种精神表现（一种意义，一种心理图式，一种观念，知识），一种互动交流的事件或活动（如国会的争论），一种文化产品（如电视肥皂剧），或者是可以买卖的经济商品（如小说）”（Jäger & Maier, 2009）Teun van Dijk（2009）的观点无疑是韩礼德系统功能语言学的回声，也就是说，话语包括通过各种媒介或形式呈现出来的书面语和口语。Martin Reisigl和Ruth Wodak是这样界定话语的，话语是植根于特定社会领域的符号实践，构型社会并由社会所塑造。文本是话语的一部分，话语包括文本和口头文本。

但是，CDA也没有一种专门的数据收集方法。以问题研究为导向的CDA研究群体，和其所借用的理论模式一样，其研究对象也是开放的。“CDA没有一个公认的数据收集标准，许多CDA研究都采用现成的数据，比如不是专门为特定研究目的而创造的文本”（2009）。CDA研究群体采用最多的文本是新闻媒体的报道，如Teun van Dijk《新闻分析：国际与国内新闻案例研究》一书，Roger Fowler《新闻语言：媒体中的话语与意识形态》一书，又如Teun van Dijk在*Discourse Semantics and Ideology*一文中采用《纽约时报》和《华盛顿邮报》的文本，等等。

CDA的一个突出贡献是把语言从“反映现实”的观念中解放出来，注重考察语言构造并传播知识的功能的理论和阐述，注重考量话语与权力尤其是意识形态的关系。

4 分析：方法论

Roger Fowler和Gunther Kress在（1979）《批评语言学》中谈到，话语分析实施“解释”的行为，“解释”包括分析语言结构、发现其中蕴含的社会意义。批评活动是可操作的，而且必须是可重复的。换言之，批评语言学的分析活动是采用语言学的理论，研究语言、语言结构与社会意义、社会结构的对应关系，把话语中暗含的、易于被人忽略的信息揭露出来，展示话语与权力之间的隐晦关系。Roger Fowler在《新闻语言：媒体中的话语与意识形态》一书中专辟一章探讨话语“分析”工具的问题，他所谓的分析工具包括及物性（transitivity）、转换（transformation）、情态（modality）等，完全是韩礼德系统功能语言学理论在新闻话语中的运用，是一种定性的话语分析。这与Teun van Dijk（1988）和Martin Reisigl & Ruth Wodak（2009）如出一辙。

后来，Teun van Dijk（2009）认为，应该用批评话语研究（Critical Discourse Studies，简称CDS）取代CDA。因为CDS“不仅包括批评分析，还包括批评理论和批评应用”。“批评研究使用很多方法，这些方法来自话语研究本身，还来自人文学科、心理学和社会科学。”确实，近期的CDA已然不局限于语篇内的话语分析，而扩展到话语与社会之关系的研究。与CDA的理论基础和数据来源一样，其研究方法也呈现出纷繁复杂、兼容并蓄的状况。Norman Fairclough（2010）把CDA的研究方法归纳为系统论方法、介于CDA和法国社会学家所发展的有关资本主义分析的跨学科方法、介于CDA和系统功能语言学之间的跨学科文本分析法、马克思主义分析法和CDA的批判现实主义方法。Gerlinde Mautner（2009）认为，语料库语言学将势必对CDA产生影响。这是CDA走向定量研究的一个态势。

总体而言，CDA的研究方法是开放式的，只要于己有益，就拿来为我所用。或者更准确地说，CDA“不是一种方法，而是一种跨学科话语研究的批评角度、立场或态度”。这也是我们把CDA称作研究群体而不是“宗派”的根本原因。

5 意识形态：目标领域

第一，什么是意识形态。意识形态是CDA研究群体关注的一个焦点。CDA所谓的意识形态与马克思主义的意识形态有着很大的区别。Bob Hodge等人（1979）提出，“意识形态是组织经验、理解世界的一套观念。……语言分析是研究意识形态进程的一个必要组成部分：通过语言，意识形态变得可观察。”Robert Hodge和Gunther Kress（1993）把意识形态定义为“一套从特定角度组织起来的系统的观点。它包括科学、形而上学和各种形式的政治意识形态”。Teun van Dijk认为，“意识形态是社会认知最基本的形式之一，它可以明确一个群体的身份及该群体成员社会身份的主观感受。”Norman Fairclough（2010）认为，意识形态是权力关系在话语中的体现，是文本意义与社会权利之间的一种关系。Ruth Wodak和Michael Meyer（2009）把意识形态定义为“一套互相联系的、相对稳定的信仰和价值体系”，其核心特点包括：首先，权力比认知更重要；其次，意识形态能够指引个人的判断；再次，意识形态通过行动进行指引；最后，意识形态在逻辑上是互相联系的。

第二，为什么要研究意识形态。意识形态隐藏在“未说”的话语中，久而久之，意识形态成为“知识基础”（knowledge base），人们交流互动的“秩序”（orderliness）依赖于此。这些“秩序形成社会惯例，限制身处其中的社会成员的行为，为其提供行为框架、看待事物的方式、说话方式等，构建主体的意识形态”。意识形态在无意识地发挥作用，令人毫无觉察，忘记批评。有权力之人或团体利用他们的权力、财力或对新闻媒体的控制，操纵其中的意识形态，为自身利益服务。而每天阅读这些暗含意识形态的话语的受众，往往因缺乏判断力而被迷惑，被他们牵着鼻子走。CDA对话语中的意识形态因素进行条分缕析，使之大白于天下。

第三，意识形态研究的路径。其一，以语言学理论尤其是韩礼德的系统功能语言学理论为基础的研究。Tony Trew（1979）通过对新闻报道“警察射杀11名索尔兹伯里暴乱中的黑人”（Police shoot 11 blacks dead in Salisbury riot）的分析，以主语（agent）、事件过程（process）、宾语（affected）、语境（circumstance）的变换为考察对象，逐步呈现其中的意识形态，认为主动和被动等“是意识形态的核心”，给人留下深刻的印象。其原因在于，“话语既是意识形态过程，也是语言学过程，二者有确定的联系。”话语或新闻话语都是从特定的角度或立场对事件进行报道的，每个词句、格式、修辞等的选择，都透露出特定的意识形态。即报道什么、怎么报道、报道篇幅的大小等都与意识形态密切相关。话语通过语言产生意识形态。人类的交流活动在价值信仰体系中进行，而语言是携带经验、价值最有效的工具。“话语一动，意识形态就会起作用。”但是，需要注意的是，并非所有话语都包含意识形态，并非所有的意识形态都达到同样的水平。其二，以Teun van Dijk为代表的、以社会认知心理学为基础的研究。Teun van Dijk（1995）说，意识形态是社会认知的基本结构，为社会群体成员所共有，由相关的社会文化价值构成，由代表该群体自我形象的意识形态要素组织起来。除了维护群体利益的社会功能之外，意识形态还有组织群体的社会呈现（态度、知识）的认知功能，因而间接控制与群体相关的社会实践活动及其成员的谈话、文本。真正把Teun van Dijk与其他CDA研究者区分开来的是“心理图式”（mental models，又称situation models、event models、episodic models）。心理图式是个人经验对特定行动、事件、状况的心理呈现，心理图式既是个人的，又是普遍化的，有抽象性的特点。心理图式为特定状况下的文本或谈话提供心理基础，“心理图式不仅精确解释我们对谈话和文本的理解，而且精确解释对整个交流事件的理解。”心理图式是介于意识形态和话语之间的一个界面，“心理图式理论在意识形态和话语之间提供联系。”意识形态通过心理图式与话语产生联系。因此说，话语与社会之间的认知层面才是CDA意识形态研究的核心问题。

具有社会权力的人或团体，通过控制（因为其在财富、地位、权威、知识、经济、专业、技术、媒体、特权等方面占据主导），把意识形态植入话语中。控制话语意味着控制人的思想，控制人的思想意味着控制人的行动。Teun van Dijk关于权力与控制的观点源自Roger Fowler和Gunther Kress（1979）《批评语言学》中，二人认为，权力的不平等显著地影响语言结构；语言不仅体现权力，而且构建权力。

6 批评的批评

应该说，CDA是20世纪哲学范式语言学转向的自然延伸和必然结果，是对维特根斯坦“意义即用法”“回到粗糙的地面”的一种回应，以解释学为精神领袖，借用韩礼德的系统功能语言学理论，把“解释”从文本及文本与文本之间的关系解放出来，扩展开去，辐射到社会现实、政治情势、历史语境等。而对话语中意识形态的强烈关注，对诸如社会不平等、贫穷、种族歧视、偏见、权力与控制等的浓厚兴趣，又使之与政治学、国际关系学等纠缠在一起，呈现出跨学科的研究态势。但是，同时这也是CDA广受非议的地方，即在语言、语言结构、语言意义与社会、社会结构、社会意义之间建立联系并试图进行分析的时候，却又蜷缩在词语、句式、修辞、语篇、文本等语言学范畴之内，忽视了对话语与语境尤其是社会文化语境和历史语境的观照，在伽达默尔解释学侧重文本、历史的基础之上，试图迈步向前，走向社会、政治和现实，却又退缩回去。

在文本选择上，虽然CDA都宣称话语包括书面文本和口头文本，但从该群体研究的实例来看，绝大多数的话语都选自书面文本尤其是新闻媒体报道。而且，文本都饱含研究者所预判的意识形态，如社会不公现象。也就是说，CDA研究的是研究者自己认为的典型文本，这就使研究对象——话语，呈现出过于浓重的个人倾向性和随意性。正如Ruth Wodak（2009）所说，“大多数研究都分析‘典型文本’（typical texts）。但是，什么是典型文本，在什么社会境况下的典型文本，针对社会问题的哪个方面而言的典型文本，往往都是模糊的。”而以政治话语为对象的Ruth Wodak的历史话语分析，则更容易让人心生怀疑，即标榜学术独立、研究结果客观真实的CDA，是否能完全撇清自身的意识形态，毫无政治倾向地对政治话语进行批评分析。

不可否认，CDA兼容并蓄、海纳百川，人文学科、社会科学、心理学、语言分析、批判现实主义等方法都被采纳和运用，归结起来，这些方法都是定性的研究方法。令人欣喜的是，CDA研究者如Gerlinde Mautner已经意识到定量研究对CDA的促进作用，这或许是CDA突破自我、丰富研究方法甚或开拓新的研究领域的一个契机。据悉，作为CDA研究重镇的兰卡斯特大学语言学系（Department of Linguistics and English Language at Lancaster University）正在原有语料库的基础上加紧扩建优化，以服务于CDA研究。Elena Semino（2008）以韩礼德的系统功能语言学理论为基础，综合运用语用学、认知语言学、语料库分析等研究方法，对文学、政治、科学、教育、广告、医学等话语中的隐喻及其功能进行分析，开放了CDA研究的领域和思路，让人耳目一新，有人称之为CDA的一个新分支——批评隐喻分析（Critical Metaphor Analysis）。

CDA显然是泛意识形态化的，这从CDA研究群体对意识形态的界定可见一斑。在他们看来，任何对世界和社会现实进行认识把控的观念、价值观、信仰体系等都可归结为意识形态。话语分析的各个层面，包括语词、句子、篇章、修辞、话题、风格、停顿、省略、语序等，都是体现意识形态的手段。而所有的话语都是意识形态权力运作斗争的场所和产物，意识形态通过经济、媒体、财势等途径，无孔不入地进入文本，影响话语的生成、生产、扩散和消费，巩固强化现有社会结构及其意识形态，话语与社会是相辅相成、彼此支持、互相控制的关系，其中间地带即是意识形态。CDA的中心任务是对话语中的意识形态进行曝光揭露，使大众受众不被迷惑或误导。在CDA研究群体看来，大众受众完全被动地接受话语尤其是新闻媒体话语的影响，没有批判意识而只知消极接纳，而CDA研究群体则是话语分析的“专家”和权威。CDA有意无意地忽略对话语受众的研究，忽略受众对话语的主动建构构型作用，忽略受众与话语的互动关系。因此，可以说，CDA在批评话语中的意识形态的同时，自身也犯了同样的“意识形态”毛病。另外，虽然以Teun van Dijk为代表的CDA研究者试图超越韩礼德的系统功能语言学，借用社会心理学的理论对话语及其与社会之关系进行分析，但此类研究仍需要得到社会认知心理学、社会语言学、跨文化交际学等学科理论的支持，否则，其研究方法的有效性和可操作性及研究结果的客观性和可靠性将很难得到保证。

厘清国外CDA研究的进展及思路，学习并借鉴其研究方法，将为我们正在从事的科研项目的实证内容分析奠定基础。

参考文献

[1] Agenda, Theory and methodology[A]. In Ruth Wodak and Michael Meyer, (eds.). *Methods of Critical Discourse Analysis*[C]. London: SAGE Publications Ltd, 2009: 23.

[2] Hodge, B. et al. The ideology of middle management[A]. In Roger Fowler, et al. (eds.). *Language and Control*[C]. London: Routledge and Kegan Paul, 1979: 81.

[3] Semino, E. *Metaphor in Discourse*[M]. Cambridge: Cambridge University Press, 2008.

[4] Gerlinde Mautner, Checks and balances: how corpus linguistics can contribute to CDA[A]. In Ruth Wodak and Michael Meyer, (eds.). *Methods of Critical Discourse Analysis*[C]. London: SAGE Publications Ltd, 2009:122–143.

[5] Reisigl, M. and Wodak, R. The discourse-historical approach[A]. In Ruth Wodak and Michael Meyer, (eds.). *Methods of Critical Discourse Analysis*[C].London: SAGE Publications Ltd, 2009:89–90.

[6] Reisigl, M. and Wodak, R. The discourse-historical approach[A]. In Ruth Wodak and Michael Meyer, (eds.). *Methods of Critical Discourse Analysis*[C]. London: SAGE Publications Ltd, 2009:87–121.

[7] Fairclough, N. *Critical Discourse Analysis: The Critical Study of Language*[M]. Edinburgh: Pearson Education Limited, 2010:28&79.

[8] Fairclough, N. *Critical Discourse Analysis: The Critical Study of Language*[M]. Edinburgh: Pearson Education Limited, 2010:218.

[9] Fairclough, N. *Critical Discourse Analysis: The Critical Study of Language* [M]. Edinburgh: Pearson Education Limited, 2010:92.

[10] Fairclough, N. *Critical Discourse Analysis: The Critical Study of Language*[M]. Edinburgh: Pearson Education Limited, 2010:78.

[11] Fairclough, N. *Critical Discourse Analysis: The Critical Study of Language*[M]. Edinburgh: Pearson Education Limited, 2010:67.

[12] Fairclough, N. *Critical Discourse Analysis: The Critical Study of Language*[M]. Edinburgh: Pearson Education Limited, 2010:18.

[13] Fairclough, N. *Critical Discourse Analysis: The Critical Study of Language*[M]. Edinburgh: Pearson Education Limited, 2010:27–41.

[14] Fairclough, N. *Critical Discourse Analysis: The Critical Study of Language*[M]. Edinburgh: Pearson Education Limited, 2010:225–226.

[15] Hodge, R. and Kress, G. *Language as Ideology*[M]. London: Routledge, 1993:6.

[16] Hodge, R. and Kress, G. *Language as Ideology*[M]. London: Routledge, 1993:82.

[17] Fowler, R. *Language in the News: Discourse and Ideology in the Press*[M].London: Routledge, 1991:42.

[18] Fowler, R. and Kress, G. Critical linguistics[A]. In Roger Fowler, et al. (eds.). *Language and Control*[C].London: Routledge and Kegan Paul, 1979:195.

[19] Fowler, R. and Kress, G. Critical Linguistics[A]. In Roger Fowler, et al. (eds.). *Language and Control*[C].London: Routledge and Kegan Paul, 1979:185–213.

[20] Fowler, R. and Kress, G. Critical linguistics[A]. In Roger Fowler, et al. (eds.). *Language and Control*[C]. London: Routledge and Kegan Paul, 1979:197.

[21] Fowler, R. and Kress, G. *Language as Ideology*, London: Routledge, 1993:108. 参见 Roger Fowler and Gunther Kress, Critical linguistics[A]. In Roger Fowler, et al. (eds.). *Language and Control*[C]. London: Routledge and Kegan Paul, 1979:185–213.

[22] Fowler, R. and Kress, G. *Language as Ideology*[M]. London: Routledge, 1993:63.

[23] Fowler, R. *Language in the News: Discourse and Ideology in the Press*[M].London: Routledge, 1991:68.

[24] Wodak, R. and Meyer, M. Critical Discourse Analysis: History, [1] Roger Fowler and Gunther Kress, Critical linguistics[A]. In Roger Fowler, et al. (eds.). *Language and Control*, [C]. London: Routledge and Kegan Paul, 1979:185–213.

[25] Fowler, R. and Kress, G. Critical linguistics[A]. In Roger Fowler, et al. (eds.). *Language and Control*[C]. London: Routledge and Kegan Paul, 1979:196.

[26] Fowler, R. *Language in the News: Discourse and Ideology in the Press*[M]. London: Routledge, 1991:66–90.

[27] Wodak, R. and Meyer, M. Critical discourse analysis: history, agenda, theory and Methodology[A]. In Ruth Wodak and Michael Meyer, (eds.). *Methods of Critical Discourse Analysis*[C].London: SAGE Publications Ltd., 2009:3.

[28] Wodak, R. and Meyer, M. critical discourse analysis: history, agenda, theory and methodology[A]. In Ruth Wodak and Michael Meyer, (eds.). *Methods of Critical Discourse Analysis*[C]. London: SAGE Publications Ltd., 2009:5.

[29] Wodak, R. and Meyer, M. Critical discourse analysis: history, agenda, theory and methodology[A]. In Ruth Wodak and Michael Meyer, (eds.). *Methods of Critical Discourse Analysis*[C]. London: SAGE Publications Ltd., 2009:5.

[30] Wodak, R. and Meyer, M. Critical discourse analysis: history, agenda, theory and methodology[A]. In Ruth Wodak and Michael Meyer, (eds.). *Methods of Critical Discourse Analysis*[C]. London: SAGE Publications Ltd., 2009:24.

[31] Wodak, R. and Meyer, M. Critical discourse analysis: history, agenda, theory and methodology [A]. In Ruth Wodak and Michael Meyer, (eds.). *Methods of Critical Discourse Analysis*[C]. London: SAGE Publications Ltd., 2009:28.

[32] Wodak, R. and Meyer, M. *Methods of Critical Discourse Analysis* [M]. (eds.). London: SAGE Publications Ltd., 2009:21&148.

[33] Wodak, R. and Meyer, M. Critical discourse analysis: history, agenda, theory and

Methodology[A]. In Ruth Wodak and Michael Meyer, (eds.). *Methods of Critical Discourse Analysis*[C]. London: SAGE Publications Ltd., 2009:6.

[34] Wodak, R. and Meyer, M. Critical discourse analysis: history, agenda, theory and Methodology[A]. In Ruth Wodak and Michael Meyer, (eds.). *Methods of Critical Discourse Analysis*[C]. London: SAGE Publications Ltd., 2009:32.

[35] Wodak, R. and Meyer, M. Critical discourse analysis: history, agenda, theory and Methodology[A]. In Ruth Wodak and Michael Meyer, (eds.). *Methods of Critical Discourse Analysis*[C]. London: SAGE Publications Ltd., 2009:7.

[36] Wodak, R. and Meyer, M. Critical discourse analysis: history, agenda, theory and Methodology[A]. In Ruth Wodak and Michael Meyer, (eds.). *Methods of Critical Discourse Analysis*[C]. London: SAGE Publications Ltd., 2009:8.

[37] Jäger, S. and Maier, F. Theoretical and methodological aspects of foucauldian critical discourse analysis and dispositive analysis[A]. In Ruth Wodak and Michael Meyer, (eds.). *Methods of Critical Discourse Analysis* [C].London: SAGE Publications Ltd., 2009:37.

[38] Jäger, S. and Maier, F. Theoretical and methodological aspects of foucauldian critical discourse analysis and dispositive analysis[A].In Ruth Wodak and Michael Meyer, (eds.), *Methods of Critical Discourse Analysis* [C].London: SAGE Publications Ltd., 2009:35.

[39] van Dijk, T. *Prejudice in Discourse: An Analysis of Ethnic Prejudice in Cognition and Conversation*[M]. Amsterdam: John Benjamins Publishing Company, 1984.

[40] van Dijk, T. *Discourse and Power*[M]. London: Palgrave Macmillan, 2008:3.

[41] van Dijk, T. *News as Discourse*[C]. New Jersey: Lawrence Erlbaum Associates, Publishers, 1988.

[42] van Dijk, T. Discourse Semantics and Ideology[J]. *Discourse and Society*, 1995, 6(2): 243–289.

[43] van Dijk, T. Critical discourse studies: a sociocognitive approach[A]. In Ruth Wodak and Michael Meyer, (eds.). *Methods of Critical Discourse Analysis*[C]. London: SAGE Publications Ltd., 2009:62–63.

[44] van Dijk, T. Critical discourse studies: a sociocognitive approach[A]. In Ruth Wodak and Michael Meyer, (eds.). *Methods of Critical Discourse Analysis*[C]. London: SAGE Publications Ltd., 2009:62.

[45] van Dijk, T. *Ideology and discourse: A Multidisciplinary Introduction*, http://www.discourses.org/OldBooks/Teun%20A%20van%20Dijk%20-%20Ideology%20and%20Discourse.pdf.

[46] van Dijk, T. Critical discourse studies: a sociocognitive approach[A]. In Ruth Wodak and Michael Meyer, (eds.). *Methods of Critical Discourse Analysis*[C]. London: SAGE Publications Ltd., 2009:67.

[47] van Dijk, T. Critical discourse analysis[A]. In Deborah Schiffrin et al. (eds.). *The Handbook of Discourse Analysis*[C]. Oxford: Blackwell Publishing Ltd., 2003:355.

[48] van Dijk, T. *News as Discourse*[M].New Jersey: Lawrence Erlbaum Associates, Publishers, 1988:17.

[49] van Dijk, T. Discourse semantics and ideology[J]. *Discourse and Society*, vol.6(2), 1995: 248.

[50] van Dijk, T. *Discourse and Power*, London: Palgrave Macmillan, 2008:220. 参见Teun van Dijk, Critical discourse studies: a sociocognitive approach[A]. In Ruth Wodak and Michael Meyer, (eds.). *Methods of Critical Discourse Analysis*[C]. London: SAGE Publications Ltd., 2009.

[51] van Dijk, T. Discourse semantics and ideology[J]. *Discourse and Society*, 1995, 6(2):255.

[52] van Dijk, T. *Discourse and Power*[M]. London: Palgrave Macmillan, 2008:29.

[53] van Dijk, T. Discourse semantics and ideology[J]. *Discourse and Society*, 1995, 6(2): 243–289.

[54] van Dijk, T. *Prejudice in Discourse: An Analysis of Ethnic Prejudice in Cognition and Conversation* [M]. Amsterdam: John Benjamins Publishing Company, 1984.

[55] van Dijk, T. *Discourse and Power* [M]. London: Palgrave Macmillan, 2008:6.

[56] van Dijk, T. *News Analysis: Case Studies of International and National News in the Press*[M]. New Jersey: Lawrence Erlbaum Associates, Publishers, 1988.

[57] Trew, T. Theory and ideology at work[A]. in Roger Fowler, et al. (eds.). *Language and Control*[C]. London: Routledge and Kegan Paul, 1979:94–116.

[58] Trew, T. "What the papers say": linguistic variation and ideology difference[A]. In Roger Fowler, et al. (eds.). *Language and Control*[C]. London: Routledge and Kegan Paul, 1979:123.

[59] Trew, T. "What the papers say": linguistic variation and ideology difference[A]. In Roger Fowler, et al. (eds.). *Language and Control*[C]. London: Routledge and Kegan Paul, 1979:154.

[60] Trew, T. "What the papers say": linguistic variation and ideological difference [A]. In Roger Fowler, et al. (eds.). *Language and Control*[C]. London: Routledge and Kegan Paul, 1979:117–156.

[61] 刘程.语言批判——维特根斯坦美学思想研究[M]. 华中师范大学出版社. 2009.

[62] 汉斯-格奥尔格·伽达默尔, 洪汉鼎译. 真理与方法（上）[M]. 上海世纪出版集团译文出版社. 1999.

Ideology: Criticism of Critical Discourse Analysis

Abstract: Following "critical", "discourse", "analysis", and "ideology", the key words of Critical Discourse Analysis(CDA), the theoretical basis, data sources, methodologies, research objective, and advantages and disadvantages of CDA are analysed and discussed in this paper.

Key Words: Critical Discourse Analysis; theoretical basis; data sources; methodologies; criticism

作者简介

刘程，男，南京大学文学博士，华南理工大学国际教育学院教授、硕士生导师，英国兰卡斯特大学孔子学院首任中方院长。
电子邮箱：liucheng@scut.edu.cn。

中外当代商务话语研究

——基于*Business Discourse*和《商务英语的理论与实践研究》的思考①

赵丹彤

1 商务话语研究概述

自20世纪80年代末以来，商务英语（Business English）研究逐步发展成熟，其研究范围从早期对商务谈判（business negotiations）（Lampi, 1986）和商务会议（business meetings）(William, 1988)的集中关注逐步拓展到对商务沟通和商务话语研究中。正如Bargiela-Chiappini和 Zhang（2013）指出，商务英语已经超越了传统概念，不仅是教授或学习一门技能，而且涵盖了（跨）文化语境中更为广阔和实际的商务活动、职场交际以及组织沟通。同时，在这一发展过程中，商务英语的研究视角也得以不断拓展和丰富，从对商务谈判和商务会议的语言学分析，逐步转向话语分析、对比语用学、会话分析，以及对“商务话语”（business discourse）的多元方法分析。

长期以来，在国内外的研究中，应用语言学尤其是特殊用途英语对商务英语研究产生重大影响，从该视角出发的研究多数出于辅助教学或培训的目的。然而，随着跨文化商务活动的逐步壮大，跨文化管理研究的增加，越来越多的学者开始探索具体企业语境下人们有策略的交际行为，并将教学内容与商务实践相结合。其中，Gimenez（2014）针对跨国公司中多元沟通方式进行了研究，并基于研究结果提出相应教学任务设计理念和范例，为学生更好地适应当下企业新型沟通方式做足准备。

近年来，商务话语研究视角下的研究内容涵盖了对口语（spoken discourse），例如商务谈判（Koester, 2014）、商务沟通（Cho& Yoon, 2013）等情况下的语言分析；对书面语（written discourse），例如企业公告（Flowerdew, 2010；Sun and Jiang, 2014）等的分析；以及英语在商务环境中作为通用语（English as lingua franca）的研究（Evans, 2010；Rogerson-Revell, 2008）等。值得指出的是，中国学者施旭（2010）从文化话语研究范式出发，以历史的和跨文化的视角对中欧贸易争端进行了全新解读，为商务话语分析提供了更加广阔的视野。

本文将结合*Business Discourse*（《商务话语研究》）和《商务英语的理论与实践研究》两本著作对近年来国内外商务话语研究的主要情况，包括商务话语的概念、研究目的与研究对象、研究视角与研究手段等加以介绍、对比和评论。

2 两本著作简介

在国外诸多当代商务话语研究著作中，由Bargiela-Chiappini, Nickerson和Planken合著的*Business Discourse*（《商务话语研究》）在结合当代学者现有的主要商务话语研究

① 本文得到“中央高校基本科研业务费”专项资金资助。

成果的基础上，较为全面地梳理、展现了西方国家当代商务话语研究的话题、理论、途径和资源。该书的第一部分“商务话语的研究领域”（*The Field of Business Discourse*）对商务话语研究进行了较为全面的概述，包括其概念内涵、发展历史，商务话语研究的自身特点、重要的研究途径以及当代商务话语研究的全球进展等。作者提出，商务话语研究具有多学科性和学科交叉性，它已从描述性研究逐步向阐释性研究转变，因而在研究方法和视角上面临着跨文化性、跨学科多层面性和多媒体多模态分析的研究挑战。在第二部分“商务话语研究的应用”（*Applying Business Discourse Research*）中，作者结合来自全球各主要发达国家和地区的研究实例，探讨了商务话语研究在商务英语教学以及企业实际商务交际和培训中的应用。第三部分“商务话语研究”（*Researching Business Discourse*）着重探讨了商务话语研究的研究主题、研究策略、研究方法和理论框架。作者认为，商务话语研究涵盖了对语境、书面语和口语三个方面的研究，因而，研究语料的搜集通常采用多种途径相结合的方法，包括调查问卷、需求分析、语料库、人类学的个案研究甚至是实验研究等。此外，作者特别提出，在书面语的研究中，既可采用量性的对于企业书面语使用情况的调查分析，也可采用人类学研究与语篇分析相结合的质性文本分析方式，对具体企业活动中的书面语篇进行语言层面的分析和跨文化的对比。在关于口语研究的具体分析框架中作者提出，可采用会话分析、话语分析、语用分析和谈判研究等。同时，由于口语研究通常涉及跨国和跨文化的商务谈判，因而在具体的分析中还注重经济、政治和企业层面的思考。在第四部分“研究资源”（*Resources*）中，作者系统梳理了商务话语研究领域的相关图书、文献、教学资料与信息，为学者们未来更加深入、广泛地进行商务话语研究提供了良好参考。

在Bargiela-Chiappini等编著的*Business Discourse*（《商务话语研究》）问世一年之后，中国学者张佐成在有批判性地梳理、归纳、提炼国内外商务英语相关研究的基础上，撰写出版了《商务英语的理论与实践研究》。该书较为全面地反映了当代中国商务英语研究的分类与概况，并分别从商务英语概说、商务英语教学、商务英语本体研究和商务英语学科建设四个部分展现了作者对商务英语概念的界定与解读，以及商务英语在中国教学与研究中的内容和发展趋势。全书的第一部分“商务英语概说”对商务英语的概念进行了全新的界定。作者通过对当代商务英语的三种主流认识视角（即专门用途英语视角、英语的社会功能变体视角和学科专业视角）的批判性解读，综合三者的特征与优势，提出了内涵更为丰富的商务英语概念。在第二部分“商务英语教学”中，作者系统地回顾并对比了国内外商务英语教学的发展过程，包括其教学内容、教学方法和教学材料的更迭，并指出，商务英语测试的内容应该是商务话语能力，而非对商务学科知识与商务实践的考察。在该书的第三部分“商务英语的本体研究”中，作者从语言的经济学研究和商务学科的语言学研究、商务实践与商务语言以及国际商业文化与商务语言三个方面对商务英语本体研究进行了详细讨论。作者提出作为交叉学科的商务英语学科，其本体既包括英语在国际商务领域中的使用，也应包括商务英语学科人才的培养。在全书的最后一部分“商务英语学科建设”中，作者介绍了商务英语学科在中国高校的发展情况，并对该学科的自身研究、专业建设等进行深入探讨。作者同时提出“商务语言学”将成为该学科的最终归宿。

3 简评

对比阅读这两本较有代表性的著作我们可以看到，首先，国外学者和国内学者在对“商务话语”的概念界定中呈现较大差别，导致对“商务话语研究”的界定存在差别，这主要源于对“商务”一词的不同理解。国外商务话语研究者普遍认可的商务是发生在具体商业组织、企业中的商业活动或管理活动，既包括企业内部日常的经营管理也包含企业之间的商业往来等。相比之下，国内商务英语学者认可的商务概念较多地受到早期经贸英语的影响，倾向将其理解为国际商务，即不同国家或地区之间的跨文化货物贸易、服务贸易和知识产权贸易等，涉及的组织包括贸易公司、银行、海关、运输、保险、行政、司法等（张佐成，2008：113）。进而在对“商务话语”的定义中，国外学者认为商务话语是指人们在商业组织中，为完成特定的工作而使用的口头或书面的交流方式，因而是商务语境下的社会活动（Bargiela-Chiappini, etc., 2007：3）。因此商务话语研究就是对企业商务语境下不同种类语言使用的研究，在研究中侧重关注具体企业活动中的口语和书面语的使用，例如会议、谈判、往来信函、邮件等。相比之下，中国学者提出“商务英语的概念，即国际商务作为社会经济活动，其活动参与人采用/化用商务惯例和程序，选择使用英语的词汇语法资源以及视觉、听觉符号资源，通过书面、口头及/或多种模态实现其交际的目的。商务英语就是以这个策略性交际系统为内容的教学活动”（张佐成，2008：28–29）。可见国内学者更倾向认为商务英语是基于商务贸易活动实践的英语教学活动，故其研究较多的集中在商贸活动中英语特殊词汇、句法的使用，不同商务书面语结构、语言形式的研究以及不同文化对商务活动行为的影响，从而更好地辅助商务英语的教学。

其次，从研究目的来看，虽然如Bargiela-Chiappini等人所说，全球多数从事商务话语研究的学者同时致力于商务教学，“但是，与特殊用途英语研究不同，商务话语研究更侧重理解人们是如何在企业组织环境中有策略地使用语言进行沟通，而非仅仅出于教学的目的”（Bargiela-Chiappini, etc., 2007: 5）。因此，在国外学者看来，商务话语研究的目的具有兼顾企业实际和教学的双重特点：既是对实际企业中语言使用现象和商务沟通与商务话语特点的描述与探索，也是反思商务话语研究对教学和模拟实训的影响，在教学和培训中提升商务沟通的有效性。基于上述目的，*Business Discourse*（《商务话语研究》）一书中所列举的国外学者的研究成果侧重对不同话语团体、不同企业交流语境下的话语实践的考察；探索不同体裁的商务话语本质；关注新媒体、新科技对企业员工之间信息沟通、企业对外信息传递以及跨国公司间的跨文化沟通的影响。与此相比，在中国的当代商务英语研究中，不仅研究目的出于对商务英语教学的辅助和对商务英语学科建设的支持，更是“在具体研究话题上呈现出重教学、重模式，在研究方法上呈现出轻实证、轻语料的现状”（唐树华、李晓康，2013）。

再次，从两本书分别介绍的研究视角和手段上看，国外的当代商务话语研究学者虽然受到应用语言学尤其是特殊用途英语的影响，在研究中采用特殊用途英语研究中的需求分析调查、体裁分析、文本分析等研究方法，但是越来越多的学者转向运用会话分析、语用交互分析、民族学、文体学理论和组织沟通理论的视角来分析企业的商务话语活动。其研究中选取的语料既重视对企业原始语料（如调查结果、商业讨论等）的搜集和分析，也关注教学中采用的部分模拟语料。相比之下，《商务英语的理论与实践研究》一书所列举、介绍的研究案例侧重从特殊用途英语的视角、系统功能语言学视角、会话分析等出发对具体商务活动中涉及的电话、社交、演说、开会和谈判、信函写作、报告写作等实践进行解读；从跨文化的角度阐释文化背景对商务活动（例如，跨文化业务活动、社交招待、赠送礼物等）和商务言语行为（例如，构建身份、互动中的沉默、恭维等）的影响；同时，该书也鲜明地展示了近年来中国国内逐渐形成的以商务英语学科建设为研究内容的研究特色。

在对比上述两本商务话语研究重要著作的过程中，我们可以体会到，国内与国外的商务话语研究在现阶段还存在较大差异，正如唐树华和李晓康（2013）两位学者的研究表明，总体来说，我国商务话语研究具有两方面的不平衡：一是在主题、内容、对象、手段等方面与国外研究的不平衡；二是商务话语的应用广泛性与其研究局促性之间的不平衡。与此同时，我们也应该注意到，*Business Discourse*（《商务话语研究》）一书中所列举的例子虽然来自全球多个国家和地区，但主要集中在西方发达国家和地区，尤其是主要英语使用国家和地区，并以企业和商务活动中的英语使用为主要研究对象。正如Bargiela-Chippini在其他相关著作中指出的，随着全球化经济的发展和区域经济的崛起，我们应当关注非英语使用地区，尤其是亚洲–东亚和东南亚的商务话语实践，探索不同语言背景和文化背景对商务话语的理解和使用（Bargiela-Chippini, 2005; Tanaka & Bargiela-Chippini, 2012）。

同时，我们在阅读两本著作时也应该意识到，由于两书出版时间较早，两本书中所收录、列举的主要研究成果多产生于21世纪初，我们在认同其研究范围和成就的同时，不禁感慨其研究所涉话题之陈旧、所察内容之粗浅，所用理论之单一。在当今商务活动逐渐频繁、商务实践日益丰富、话语研究领域不断扩大、研究理论不断丰富的时代，我们的研究视野应该更加宽广，研究内容应该更加多元化。正如作者在*Business Discourse*（《商务话语研究》）一书中所意识到的，商务话语研究的对象不应局限于微观层面的语言，也应包括企业对外和对内的沟通实践；研究范围不应局限于英语国家，也应扩展到全球所有经济、商业发达地区；研究视角不应局限于单一的会话分析、篇章分析、体裁分析，也应采取多种理论视角相结合的多层次分析框架，同时，从多模态分析视角出发，注重媒体、新媒体等在话语展现中的作用。

此外，我国的当代商务英语研究，也面临着研究模式的转变，正如张佐成在其研究中提到的，“与话语分析的发展相对应，商务用途英语的第三种模式正在形成。其中话语分析着力于调查专业世界的真实情况，对话语和话语产生的社会、文化、机构、组织之间的互动细致地加以描写，以发现专业人士的专业技术”（张佐成，2003：31）。而在具体的商务话语分析中，研究者们应该加强对“商务语言的共时特征和历史变化、商务话语的体裁和实现、商务学科与语言的互相关系、行业与企业的商务文化以及跨文化商务沟通和管理的关注”（王立非、李琳，2011）。但是在商务话语研究内容和所用理论框架中，我们也应避免唯西方研究范式马首是瞻。一方面，在研究话题和内容的选择上，我们不应简单模仿西方的研究话题，而是关心与本土文化、本国发展相关联的研究问题；所针对的语料也不应局限在英语或英语与本国语言的对比，更应该关注本土的语言使用现象。另一方面，在研究理论基础和框架模型的选取中，我们不应局限在现有的会话分析、语体分析、语用分析、批判话语分析等视角，而是突破西方传统研究范式，结合本土文化，从中华文化传统出发，阐释和理解当代中国商务话语现象，从而更加有效地展示不同文化背景下商务话语的内涵和特点。

参考文献

[1] Bargiela-Chiappini, F. Asian business discourse(s)[J]. *Journal of Asian-Pacific Communications*, 2005, 15(2): 207–228.

[2] Bargiela-Chiappini, F., Nickerson, C. and Planken,B. *Business Discourse*[M]. Hampshire: Palgrave Macmilan, 2007.

[3] Bargiela-Chiappini, F. and Zhang, Z. Business english[A]. In Paltridge, B. and Starfield, S. (eds.). *The Handbook of English for Specific Purposes*[C]. West Sussex: Wiley-Blackwell, 2013.

[4] Cho, H. and Yoon, H. A corpus-assisted comparative genre analysis of corporate earnings calls between Korean and native-English speaker[J]. *English for Specific Purposes,* 2013 (32): 170–185.

[5] Evans, S. Business as usual: The use of English in the professional world in Hong Kong[J]. *English for Specific Purposes,* 2010(29): 153–167.

[6] Flowerdew, L. Devising and implementing a business proposal module: constraints and compromises[J]. *English for Specific Purposes,* 2010(29): 108–120.

[7] Gimenez, J. Multi-communication and the business English class: research meets pedagogy[J]. *English for Specific Purposes,* 2014(35): 1–16.

[8] Koester, A. "We'd be prepared to do something, like if you say…" hypothetical reported speech in business negotiations[J]. *English for Specific Purposes,* 2014 (36): 35–46.

[9] Lampi M. *Linguistic Components of Strategy in Business Negotiations*[M]. Helsinki: Helsinki School of Economics, 1986.

[10] Rogerson-Revell, P. Participation and performance in international business meetings[J]. *English for Specific Purposes,* 2008 (27): 338–360.

[11] Sun, Y. and Jiang, J. Metaphor use in Chinese and US corporate mission statements: A cognitive sociolinguistic analysis[J]. *English for Specific Purposes*, 2014 (33): 4–14.

[12] Tanaka, H. & Bargiela-Chiappini, F. Asian business discourse(s)[A]. In J. Gee and M. Handford (eds.). *The Routledge Handbook of Discourse Analysis*[C]. Oxon: Routledge, 2012.

[13] Williams, M. Language taught for meetings and language used in meetings: is there anything in common? [J]. *Applied Linguistics,* 1988 (9): 45–58.

[14] 施旭.文化话语研究——探索中国的理论、方法与问题[M]. 北京：北京大学出版社, 2010.

[15] 唐树华, 李晓康. 商务话语研究的困境和趋势——论我国商务话语研究目的与方法的冲突性及潜在突破性[J]. 外语界, 2013(4):11–18.

[16] 王立非, 李琳. 商务外语的学科内涵与发展路径分析[J]. 外语界, 2011(6): 6–14.

[17] 张佐成.试论商务用途英语的发展模式[J]. 广东外语外贸大学学报.2003(4):28–32.

[18] 张佐成. 商务英语的理论与实践研究[M]. 北京: 对外经济贸易大学出版社. 2008.

作者简介

赵丹彤，女，博士生，浙江大学外国语言文化与国际交流学院。研究方向：文化话语研究、当代中国企业话语研究，目前的研究重点是当代中国乳制品企业食品安全话语研究。
联系方式：iris1990@zju.edu.cn。

《Routledge话语分析手册》评介

李欣

《Routledge话语分析手册》是《Routledge应用语言学手册系列》中的一本，由美国亚利桑那州立大学的James Paul Gee和东京大学的Michael Handford主编，Routledge出版社2012年1月出版。编者希望这本指南性质的书籍不仅全面系统地总结话语分析这个研究领域，而且能够引领这一学科的发展。

1985年和2001年分别出版过两本有影响力的《话语分析手册》。1985年荷兰语言学家Teun A. van Dijk邀请世界各国话语分析方面的专家撰稿，于同年编辑出版了《话语分析手册》（*Academic Press*）。该手册共分四卷：第一卷是《话语的各个学科领域》（*Disciplines of Discourse*），第二卷是《话语的各个方面》（*Dimensions of Discourse*），第三卷是《话语和对话》（*Discourse and Dialogue*），第四卷是《社会中的话语分析》（*Discourse Analysis in Society*）。手册采用跨学科视角，涵盖语言学、计算机科学、心理学、社会学、哲学和其他相关领域，注重语言和话语的形式、技巧和实证研究。手册系统介绍了话语分析中采用的各种描写方法，阐述在音系、词汇、句法、语义等常规语言描写的各个平面上如何进行话语分析，同时探讨在语言学同语用学、批判分析、叙事体研究、非言语交际行为研究等其他交叉学科的相关领域如何进行话语分析。van Dijk 指出，话语分析这门学科很少受到已经建立的范式的约束，相反，它受到很多人文学科和社会科学的母学科的影响。“交叉学科的扩大，相互合作和相互合并，细分化和专业化”应该是这门学科的特征和发展趋势。van Dijk 自称该手册“可以看成是这门新的跨学科独立和自我体系形成的标志”。

2001年，作为《布莱克韦尔语言学系列手册》中的一本，《话语分析手册》（*The Handbook of Discourse Analysis*）由美国乔治敦大学语言学系的话语分析专家Deborah Schiffrin，Deborah Tannen和Heidi Hamilton汇编出版。该手册分四个部分，第一部分《话语分析与语言学》讨论话语分析与音位学、句法学、语义学等语言学的传统子学科之间的关系。第二部分《话语分析中理论与实践的联系》探讨跨学科理论和方法在话语分析中应用的必要性。第三部分《话语：语言，语境和互动》探讨会话参与者如何利用语言资源完成和执行各种社会任务。第四部分《跨学科的话语》探讨话语分析和其他学科的交叉研究。该书覆盖面广，语料丰富，包括政治演说、日常会话、文学语篇，涉及各种理论模式，如关联理论和系统功能语言学，研究方法多样，包括解释、统计、形式方法等。被认为是当时话语分析领域的百科全书。

十几年过去了，国际局势发生了巨大变化，社会生活出现了各种新问题。作为一门跨学科也是一门独立学科，话语分析建立了很多新的模式和理论。引用美国Clark大学SarahMichael教授的评论：“市面上有很多话语分析的介绍和手册，2012年《Routledge话语分析手册》是其中最全面、及时和有全球代表性的一本。”

除导论外，《Routledge话语分析手册》全书共46章，分为六个部分。下文介绍该书的主要内容，着重介绍话语分析学科中新兴研究领域的出现和传统研究领域的新发展。

第一部分“话语分析方法”由13章组成，分别是：批评话语分析、系统功能语言学、多模态话语分析、叙事分析、介入性话语分析、多媒体和话语分析、性别和话语分析、话语心理学和话语分析、会话分析、互动社会语言学和话语分析、以口头话语为导向的人种学、话语分析和语言人类学以及基于语料库的话语分析。

在第一章中，Norman Fairclough述及他最近使用的CDA版本，其主要概念、范畴和关系与他之前的成果以及其他CDA研究者成果的不同。比如在2006年的文章中他使用了“文化政治经济”的框架，将经济分析、国家理论和批评话语分析三个学科的因素结合起来。这个框架强调语类、话语和文体表现，这些变化是社会变化的符号因素。

系统功能语言学话语分析的最新发展包括创建语料库作为解码系统功能语法和话语特征的工具，使借鉴系统功能语言学理论进行大规模语义分析、多模态和多符号分析成为可能。

语言的性别研究是20世纪70、80年代开始的，主要有两大派系：一类是定量社会语言学方法，分析语言和社会因素变量的相关性。另一类探讨语言是一种完整、鲜活的实体，即话语。此后，该领域的研究继续发展。1999年成立了“国际性别和语言协会”，定期召开双年会，2007年创办了《性别和语言》杂志，专门发表这方面的研究成果。

在过去30年中，语言和性别的研究先后采取了三种主要方法：主导法、差异法和社会建构主义法。社会建构主义法是当今话语分析和社会语言学的主要范式。“性别”被认为是一种社会建构行为，而非“既定”的社会范畴，说话人在日常交际中“执行”性别——女性或男性。除了质疑单一女性或男性观，当前的研究认为说话人实际掌控各种（常常是冲突的）话语。性别不是生理现实，而是文化建构。

性别和语言研究的全新理念来自同性恋语言学。这个新兴领域偏离了核心的性别概念，认为性别是流动的、多样的，不能简单划分男人/女人的范畴。所以语言的性别研究发生了范式转变，话语分析中的性别不再被看成是单一和静止的。研究范围也不断扩大，包括同性恋和双性人说话者。最近，性别的话语分析扩展到其他文化和语言。

学者们对语言和性别研究的目的、理论框架和方法论持不同看法。他们探讨了大量不同形式的女性和男性话语，扩大了研究的社团范围。当前的研究越来越关注日常交际背后隐藏的性别和语言的意识形态。当说话人执行性别时，他们不可避免地受到关于性别的意识形态的影响。

第二部分“语域和语类”由5章组成，分别是语域和话语分析、悉尼学派的语类、作为社会行为的语类、专业书面语类以及口头职业语类。

语类是悉尼学派话语分析的协调原则和出发点。悉尼学派主要受到三种影响：韩礼德的语言是社会符号理论、伯恩斯坦的社会学理论和读写教育方面大规模的行动研究项目。在概述悉尼学派的理论基础，即语类是分段的、目的性的社会过程后，作者通过故事、报道、解释、辩论和文本回应等几种语类简要介绍和例证悉尼学派的话语分析原则。

语类是有目的的交际，语类是分段实践。在“口头职业语类”这一章，作者勾勒了两种语类分析的方法：交际目的法和重复性分段实践。前者受交际社会语言学的影响，后者受批判性学者的影响。两者不是互为排斥的，均采用口头语料库，试图发现词汇-语法和语境的关系。作者认为将来的研究应注重新兴语类的互文性，和英语之外的口头专业语类。

第三部分“口头话语的发展”由7章组成，分别是话语的韵律学、口头话语中的词汇、浮现语法、言语的创造性、口头叙事、口头话语中的隐喻和从思想到声音。

十年前，书面语篇中词汇的使用模式得到了大量的研究，尤其是运用韩礼德的词汇衔接理论。近些年来，借助大型语料库，口头话语中的词汇研究，包括搭配和词块引起关注，推动了话语分析的发展，语料库语言学强调互文，补充了对语境的分析。

最新语言理论语境中的浮现语法，其出发点为语言结构是实时展开和进行的过程。浮现语法把焦点从描写向例证言语交际的进展性转变，强调结构的浮现性和暂时性对语法的主要启示。

“从思想到声音”这一章讨论思维本质的语言证据，如何从思想到语义结构再到句法结构，探讨操不同语言的说话人的思维差异及翻译的矛盾。作者的主要观点是：一，思想是行为所在：语言始于说话人，终于听话人。二，思想用语言表达。三，语言经过句法结构表达。四，思想和表达思想的语言都是动态的。

第四部分“教育中的应用”由4章组成，分别是话语和“新读写研究”、人种学和课堂话语、教育和双语问题，以及学术用途英语和话语分析。

学术用途英语是当前语言研究和教学的主要活动，特别关注特定学术语境中使用的语言特征、话语特征和交际行为。受高等教育全球化和英语作为国际学术通用语的驱动，学术用途英语的发展极大地依赖于准确判断这些特征和行为的能力，从而向学生和希望用英语表达的学者传递相关信息。

随着现代大学的交际需求变得越来越复杂和多样化，学术用途英语在大学教育中的重要性不断提高，文化的影响、学生学术背景的差异成为新的课题。此外，英语为非母语的学者的学术能力开始得到关注，对于他们特殊需求的探讨也随之展开。

学术用途英语采用各种跨学科研究方法、理论，探讨学术语境对英语教学的制约。话语分析，尤其是基于语篇形式的语类分析，被视为学术用途英语中使用最广泛、最有效的研究方法。学术语篇的话语分析对学术用途英语教学产生了重要影响，帮助学生、教师、教材设计者认识目标语篇的结构和写作目的。

话语分析在学术用途英语中最有成果的应用是探讨某些语类中词汇—语法和话语模式，以确定它们的结构身份。最近一些学者运用“话步”理论分析研究论文和小组讨论中的方法环节。此外，评价性that宾语从句、情景状语，如何通过建构作者自我和磋商参与者关系实现劝说功能是常见课题。话语分析研究还探讨了修辞手段中的文化特定性，指出母语和外语作者研究论文中话语组织方式的不同。

作者Hyland的研究成果主要针对两个领域：一，学术语篇中的人际互动；二，学术实践的学科差异。Hyland认为，话语分析有助于反映作者如何通过与读者建立亲密关系使观点可信。他探讨了人称代词、引述动词、问句、指令行为，以及致谢词和期刊描述的语类如何来吸引读者、表达作者立场。他还提出了“立场”“参与”和“元话语”等理论。

学科是由经历、专业、目标不同的学者组成的社团。个人、机构和社会文化因素影响学科行为和认识。但是，成功的学术写作取决于作者对学科认知规约的控制，因为话语规约存在于各种学科的认知和社会实践中。越来越多的研究着重不同学科大量规约的差异，比如学生和专业人员模糊语的使用情况。

话语分析研究成果使我们更加明确学术用途英语教学和研究的实用价值。将来进一步研究的领域有三个：一，梳理现代学术写作中跨学科的复杂性。二，准确定义“社区”的概念，识别“社区”和学科及话语规约的关系。三，认识学术语境中多模态和电子语篇不断扩大的作用。

第五部分“机构中的应用”由7章组成，分别是广告和话语分析、媒体和话语分析、亚洲商务话语、话语和卫生保健、法律语言中的话语、工作环境中的种族和幽默以及话语、性别和职业交际。

社交网络的建立改变了媒体话语的性质。首先，读者不再孤立地阅读，而是通过网络即时交流、评论。其次，观众不再是被动的接受者，而是通过短信或链接参与意见投票。这使Goffman1981于年提出的媒体参与框架不再适用，因为各种参数都发生了变化，话语分析者需要整合新的范式和方法论来描写这些交际的新领域。

“亚洲商务话语”是话语分析的新兴领域，开拓了迄今为止为西方学界主导的话语研究传统中的新发展。该章涉及东亚和东南亚商务语境中的互动实践，统称“亚洲商务话语”提出的一些问题和挑战。作者首先回顾新话语的历史和地域发展，然后以日本商务话语分析中的解释过程为例说明亚洲商务话语研究的突出争议问题，最后提出对未来发展方向的思考。作者认为全球化和技术的发展带来了商务交流的多样化，多媒体交际使研究者更多关注商务语境中跨语旨的意义建构。商务交际是充满文化和意识形态、母语语用迁移等因素影响的意义建构过程。亚洲商务话语的分析也质疑了之前跨文化交际的规范性手段。

第六部分“身份、文化和话语”由10章组成，分别是行动中的政治话语、话语地理、同性恋语言学、性和话语分析、跨文化交际、话语和知识、叙事、认知和理性、话语和权势、文学话语、话语研究的多元文化方法以及世界英语和/或英语通用语。

近年来探讨话语和权势的学者纷纷转向人种学方法。语言人种学是针对具体的已知传统理论和方法的发展。这种方法将小现象置于大现象的分析背景中，试图对大的社会世界中的具体行动和互动行为提供详细解释。和批评话语分析一样，语言人种学借鉴巴赫金的对话话语观和“声音”观分析话语和权势，因为这些观点使学者能够将社会行为执行者的日常、即时生活中的声音和所生活的政治、历史及意识形态语境联系起来。研究话语和权势有很多方法，分析声音意味着分析权势的效果和条件，因为“声音”界定当代社会中语言的不平等。巴赫金的分析方法使我们识别建立意义如何作为实时进行的对话过程在各种相关层面展开。采用语言和人种学相结合的方法，借鉴巴赫金的对话观，我们能够把语言实践和社会、历史、地域联系起来，对探讨各类主题和学科的问题都具有很大潜力。

跨文化交际研究一直注重交际失误，作者指出我们其实需要更多对成功、有效的跨文化交际的探讨，提出可供专业人员借鉴的研究成果。

知识和话语是社会科学的两个基本观点，但鲜有对两者关系的研究。van Dijk归纳了“自然”知识理论以及这种理论对话语和语篇的重要性。

特别值得一提的是中国学者施旭提出的“话语研究的多元文化战略”。他认为，在当前国际话语研究的舞台上，主流的传统是将话语分析与另外一种或几种学科结合起来：语言学、心理学、社会学、人类学、政治学、媒体学等。这种跨学科形式沿袭西欧和美国的传统和规范，因为这些学科具有同样的共性：客观、中性地反映世界，但很少讨论文化和历史因素对话语理论和方法体系的影响和制约。对文化语境的忽视被认为是当代社会科学研究中的一大问题。鉴于这种文化盲目态度，作者提出多元文化话语分析方法。这种方法将文化多样性，文化共存和文化繁荣置于研究过程的中心，这种多元文化的重新定位的结果一方面克服了文化霸权主义的局限性，另一方面保护多元文化的活力,给予边缘化的话语，尤其是非西方、第三/第四世界社区的话语更多关注。作为多元文化研究者，首先应该确定具体的历史/文化话语作为理论重建的出发点。其次，不应受到地方视角的制约，而应寻求不同的、相关的文化理论的杂糅。通过比较和对比，建立新的更成熟的、更适合地方语境的理论。

总之，《Routledge话语分析手册》对话语分析学科的归纳和梳理脉络清晰，为当代话语分析提供了更详尽、更权威、更及时的介绍。一方面对经典议题做了重新解读，另一方面力图体现新的动向和发展趋势。有三个明显特点：

第一，强调可读性。该书既通俗易懂，又不乏理论深度，对核心概念和理论的阐释深入浅出，尽可能方便各种学术背景的读者了解话语分析的跨学科本质。每位作者还在文后提供了相关章节的参考书目，供感兴趣的读者进一步阅读。

第二，强调完整性。作者来自世界不同国家和地区，涉足的领域和议题错综复杂。他们将社会文化的多个现象和界面纳入话语分析的范畴，便于读者获知和把握话语分析这个交叉性研究领域的全貌。

第三，强调实用性。作者都是学界的领军人物，他们避开艰深晦涩的表述，而是从个性化的角度说明各自的研究内容、动机和方法，注重运用真实语料解决实际问题，对于如何开展相关领域的具体研究具有极大的借鉴和指导作用。

参考文献

[1] Gee, J. P. *An Introduction on Discourse Analysis*：*Theory and Method* [M]. Routledge, 1999.

[2] van Dijk, T.A. *Handbook of Discourse Analysis: Dimensions of Discourse* [C]. (eds.). Academic, 1985.

[3] Schiffrin, D., Tannen, D. Hamilton, H. *The Handbook of Discourse Analysis* [C]. (eds.). Blackwell, 2001.

[4] 朱永生.话语分析五十年:回顾与展望[J]. 外国语, 2003(3): 43–50.

作者简介

李欣，女，上海外国语大学英语学院副教授。研究方向：语言学。

电子邮箱：amylixin2123@aliyun.com。

《和谐话语论：人际关系的跨文化多学科研究》评介[①]

李秋杨　林云姣

1 引言

和谐的自然与人文环境是人类繁荣与发展的前提条件。当代中国提出了科学发展观与和谐社会战略，这是中华传统和谐思想的创造性发展。中国哲学的传统实质是探究和解决人与自然的关系问题。《和谐话语论：人际关系的跨文化多学科研究》（湖南人民出版社，2013）一书通过运用中华传统文化中“和而不同”的价值理念，从语言文化的视角，分析和探讨了跨文化语境下和谐人际关系构建有利于和谐社会的建设。刘和林教授提出人与自然和谐相处、人与人之间和谐发展是当代中国文化话语研究亟待解决的问题。我们在研读完这部著作后不禁产生了以下问题：“和而不同”蕴含的和谐价值理念及其对跨文化交际有哪些影响？人际关系对和谐话语构建有什么意义？在跨文化语境下，如何让不同民族文化和谐发展？刘和林教授是如何探讨中国文化语境中政治话语、家庭话语、教育话语和生态话语中人际关系问题？全书除序言、前言和后记之外分为两大部分，第一部分为理论篇，共三章，第二部分为实践篇，共四章。下文分述各章主要内容，并对其特色予以简要评述。

2 内容介绍

在前言中，作者提出该书的研究方法，即结合话语研究与跨文化交际研究，既借鉴西方社会科学方法论，同时又挖掘中国文化中和谐价值理念，从而达到对跨文化人际关系的描述、解释和预测。作者强调通过从语言文化的视角，运用中国文化中“和而不同”的理念，分析并探讨了跨文化语境下和谐人际关系对建设和谐社会的意义。随后，作者陈述了该书的主要内容及框架。

第一部分（1–3章）为“理论篇”，主要对话语、关系和文化语用进行了理论回顾。

第1章“话语研究”介绍了话语研究产生的背景，分析了国内外话语研究的发展状况，概括了三种话语研究的方法：批评话语分析、积极话语分析与多模态话语分析。最后，作者探讨了当代中国构建和谐话语的意义。在中国传统思想中，儒道释三家虽各有侧重，但其中都蕴含着和谐思想，它们经过长期的交流与融合，共同构建了中国文化“和而不同”的和谐精神。“和”是用来处理人与人、人与社会、人与自然及人与自身和谐发展的原则，其包含多样性的统一或尊重差异性的和谐。“和实生物，同则不继”的思想强调的就是和而不同，和谐、融合才能产生与发展万物，矛盾双方共存才能促进事物的发展。

---

① 基金项目：本文为2015年湖南省教学改革研究项目“外语专业学生话语批评能力的培养研究”和2012年湘潭大学学位与研究生教育教学改革研究项目（0543/4302006）的阶段性成果。

第2章“关系话语的跨文化诠释”从探讨“关系”问题入手，从三个方面分析了关系产生的原因，即传统文化中的儒家思想、社会结构中的乡土观念和民族心理因素中的人情世故，进而分析了中国文化中关系原理对跨文化交际的影响，讨论了西方人际关系管理理论对跨文化话语产生的影响。现代社会交往中的人际关系本质上是中国传统“人伦关系”的发展。当代中国人际关系是在中国文化传统的基础上形成的，是“亲缘”关系的外推，而维系人际关系的主要纽带是“人情”，儒家思想将“五伦”视为五种最重要的人际关系，因而在日常生活中，人们会不自觉地将周围的人按照五伦进行分类，并因此来确定自己的行为。人际关系中的这种等级原则，使得人情和关系替代制度和法律。近年来，交际中的人际关系问题逐渐受到话语研究和跨文化交际学等多门学科的关注，而人际关系建设是和谐社会建设的重要组成部分。

第3章“话语的得体性与有效性”首先讨论了权势关系与非言语交际中的性别差异，权势关系是言语或非言语交际中产生不平等状况的原因之一，它影响着社会的各方面，尤其是两性的交往。非言语交际中权势关系而产生的性别差异存在着多种表现形式，大体可概括为体态语、客体语和环境语三个方面。然后探讨网络话语作为一种独特的文化现象，引发了广泛的关注。同时，网络话语还是一种语言现象，其背后隐含着复杂的意识形态和人际关系意义。刘和林教授从网络话语中选取相关语料，论述了政治话语中隐含的意识形态话语意义。网络与话语中隐含的意识形态意义，都是构建和谐的人际关系的重要因素，因此，重视意识形态、权力等对话语的操控和对人际关系的建构理应成为学界关注的重点。语言顺应论认为使用语言的过程是一个不断进行选择的过程，语言交际是一个顺应过程（Verschueren，2000：55–57；何自然，2007：87–92）。该章最后以顺应论为基础，以语用距离为切入点，分别从话语得体、语用距离与人际关系这三个方面讨论了跨文化交际中语用得体性的重要性。语用距离是指交际双方在特定交际环境中所感知和确认的彼此之间的关系密切程度（刘和林，2011：59）。在交际行为中，人际关系通常是由社会确定的，而语言距离则是交际双方在交际过程中确立的。语用距离产生于语言的使用过程，广泛体现在指示现象和不同的话语类型之中。

第二部分（4–7章）为“实践篇”，主要采用理论与实践相结合，具体分析和谐构建政治话语、家庭话语、教育话语与生态话语对当前构建和谐社会的意义。

第4章“政治话语的隐喻特征”主要基于以下两个原因来立论：一是政治话语对和谐社会构建的积极意义；二是政治话语所体现的话语修辞性特征。和谐是社会建设的目标，而和谐话语的构建是和谐社会构建的重要组成部分。隐喻是人类重要的认知方式，它概念化着世界，而每个人在现实中的不同经历和地位又以不同的隐喻思维建构着不同的世界。很多社会政治理念和态度是通过隐喻来表达的。作者认为，隐喻生成和理解都是在动态语境中做出的选择性适应。由于听话人与发话人的认知语境有差异，隐喻理解中的非等值选择现象也就非常普遍。该章中，作者还对反腐倡廉话语进行了解读，并且提出了相应的解决措施。腐败现象如今是一大公害，话语分析理论为解读腐败现象提供了较好的理论基础。他认为对腐败现象的揭露与批判是话语研究的重要内容，同时也是建立新型的、和谐的人际关系的必要前提。

第5章“家庭话语的跨文化考量”首先介绍了中西文化中家庭人际关系和谐发展的不同理念，西方家庭人际话语是建立在西方价值体系之上的，西方人重“契约”，而中国家庭主要受到中国传统思想文化与道德规范的影响，从而重“人伦”的文化价值观。然后探讨了家庭关系中夫妻关系和亲子关系。在家庭关系中，夫妻关系是其中最基本的关系，在家庭关系中处于核心地位，同时也是维系家庭和谐的纽带。不管是中国还是欧美，父子关系的形成与发展同文化有着密切的关系。最后作者指出目前“失独”家庭问题的研究是构建和谐家庭与和谐社会最为迫切也是最为具体的问题。

第6章“教育话语的跨文化探微”从教育国际化背景下人际关系的探究出发，运用人际关系理论，探讨高校人际关系发展中的一些不和谐因素。这些因素包括：教育领域的公平性问题、资源利用的不合理性及资源配置的问题。高校管理者与教师、教师与学生以及学生之间人际关系和谐发展与否直接关系到高校的生存与发展。同时，作者提倡师生共同发展的“道器并重”做法，该做法是应用型人才培养的重要举措。“道器并重”的教育理念要求应用型学校人才培养中，既要不断加强对学生综合应用能力的培养，又要潜移默化地增强其人文素质。随着现代教育技术手段越来越多地得以利用，刘教授采用Wubbels等人的“教师人际互动行为模式图”，通过问卷调查，分析检测师生人际互动关系。结果表明，外语技术教育有很多优势与强大的生命力，但不可能完全取代常规的外语课堂教学，教师应该采用外语技术教学来提高教学效率，并且要多与学生沟通，使学生更加积极、主动地参与到学习过程中去，这样师生间便能形成积极的人际互动关系。在外语教学中，师生人际关系的融洽度直接影响到外语教学的效果。最后，作者分析了海外留学生跨文化人际关系发展的障碍，提出了留学生压力的形成，如期待空隙和文化距离；压力的释放及对策或方法，如提高文化适应能力、增进跨文化敏感性，提高跨文化沟通的有效性。

第7章“生态话语：批评与重建”作者将西方生态批评思想分别和中国传统文化道家和佛家中所蕴含的生态思想进行了对比。他认为，《道德经》蕴含的深层生态学与西方生态中心主义哲学有不少契合之处。佛教以“普度众生”为宗旨，致力于拯救所有的生命形式，其中蕴含着生态中心主义的平等思想，西方侧重于人与自然的二元分离，主张“人类中心论”。然而，西方深层生态学理论与中国传统文化相结合所形成的深层文化价值观唤醒人们的生态环保意识，构建一种以生态整体利益为宗旨价值观和生活方式，使人与自然和谐发展，人与人、人与社会和谐共处。为了解决“文明冲突”带来的各种难题，人类建立了全球伦理。全球伦理的形成与发展对构建和谐社会与和谐世界有重要的指导意义。儒家的“差等之爱”和“一体之仁”思想为重构人与自然关系提供了基础。全球伦理承认、尊重并保持文化多样性，同时也在多样性中实现统一性。因此，建立全球理论是全世界各民族、各国家的共同任务。在全球化语境下，我们必须重视不同民族文化间的相互联系，倡导不同文化间的借鉴，进而在平等交流中构建良好的文化生态系统。

3 简评

该书运用中国文化中“和谐”的理念，从跨文化的角度来探讨“话语”及“人际关系”，具有以下鲜明的特点：

第一，该书建立了具有中国文化特色的理论，结合自己文化特点的理论，力图将跨文化交际研究建成一门适合中国国情的学科。“和而不同”是中华民族以民族文化的形式而诠释的世界观、方法论等层面的辩证法思想。在中国传统思想中，儒道释三家虽各有侧重，但其中都蕴含着和谐思想，它们经过长期的交流与融合，共同构建了中国文化“和而不同”的和谐精神。“和”是用来处理人与人、人与社会、人与自然及人与自身和谐发展的原则，其包含多样性的统一或尊重差异性的和谐。“和实生物，同则不继”的思想强调的就是和而不同，和谐、融合才能产生与发展万物，矛盾双方共存才能促进事物的发展。这种观点为我们对待本土文化和外来文化成果提供了依据。当前，和而不同的理念正在发展成为中西对话的重要指导理论。近年来，中国话语研究在引进国外话语研究前言理论的同时，也逐步形成一个初步的、较为系统的理论框架，并且当代中国话语以“平衡和谐”为最崇高话语原则（施旭，2013：54）。

第二，该书将理论与实践相结合，探讨了中国文化语境中政治话语、家庭话语、教育话语和生态话语中人际关系问题。例如，该书第4章指出，当下中国政治话语的关键词“和谐”，正是当代中国话语创造性地继承传统的例证——传统的“和谐”是建立在儒家等级观念基础之上的，这种“和谐”往往通过维系权势的不平等来实现，而当代的“和谐”是以平等为导向的（施旭，2010：53–57）。近年来，中国不断致力于国际国内和谐政治话语建设，也越来越重视和谐话语在构建和谐社会中的地位。研究当代中国家庭人际关系，一方面要吸取世界不同文化的优秀成果；另一方面要植根于本土文化中，应该深入中华文化的内部，去挖掘其深层结构与内容。

第三，该书将“和谐”“话语”与“人际关系”作为“三位一体”来研究，旨在构建一个和谐人际关系话语发展的新模式。中国文化中“关系”所涉及的内容是非常广泛的，它是一个很难界定的概念，以儒家哲学思想为核心的中国传统文化，在中国人际关系中一直起支配作用。“关系”是一种对人的特定联系方式的表达，往往同“人情”和“面子”等混合使用，或反过来需要通过对人情与面子的研究来理解它的含义（翟学伟，2011：110–136）。在作者看来，中国文化是一种关系文化，国人的价值体系中包含了关系价值取向。要弄清中国文化中的人际关系发展问题，首先必须从中国文化入手，人际关系的建构和发展与中华民族长期形成的文化有着千丝万缕的关系。书中提到的有关“面子”的例子就是为了说明在交际中文化预设带来的困境。中国文化很注重“面子”，强调在人际交往中，要给对方以情面，实现关系的和谐。是否将“面子”与“里子”两者灵活变通直接关系到跨文化交际的成败。

虽然该书有很多出彩之处，但仍需指出的是，首先要形成一套完善的且具有中国文化特色的理论是一项艰巨的任务，书中涉及的“和而不同”的辩证思想是构建和谐世界的重要理据。然而，目前西方霸权主义或文化普世主义在话语研究中占主导地位，而包括中国在内的这些发展中国家在国际上没有话语权。因此，中国作为世界上最大的发展中国家用自己的声音来改变这种西方话语占主导地位的境地，从而达到让世界各国和谐平等对话的目标是不易的。其次，目前文化的研究深受后现代主义思潮的影响。后现代主义将人看作是一种关系的存在。因为每个国家的社会历史与文化背景不同，所以各自具有的人际关系格局不一。当这些具有不同文化背景的个体相遇并进行交流时，不同的文化内容会对双方的交际活动产生一定的误解和冲突，而作者没有就如何将中国的文化与世界的文明融合发展及中外进行平等对话做出深入的阐释。总的说来，《和谐话语论：人际关系的跨文化多学科研究》这本著作在一定程度上挖掘了中国文化中和谐价值观念，将话语研究与跨文化交际相结合的研究方法，从跨文化多学科视角分析了人际关系，更好地协调人与自然、人与人和人与自身关系的和谐发展。同时也结合本国文化特点和理论，努力把跨文化交际建成一门适合中国国情的学科，使跨文化交际理论逐渐形成一套完善的具有中国文化特色的理论。

参考文献

[1] Verschueren. *Understanding Pragmatics* [M]. 北京：外语教学与研究出版社，2000.

[2] 何自然. 语用三论[M]. 上海: 上海教育出版社, 2007.

[3] 刘和林. 人际交往·话语得体·语用距离[J].外语学刊, 2011(1): 59–62.

[4] 施旭. 文化话语研究[M]. 北京: 北京大学出版社, 2010.

[5] 施旭. 当代中国话语的中国理论[J]. 福建师范大学学报（哲学社会科学版），2013(5): 51–58.

[6] 翟学伟. 中国人的脸面观：形式主义的心理动因与社会表征[M]. 北京: 北京大学出版社, 2011.

作者简介

1. 李秋杨，博士，湘潭大学外国语学院讲师，主要研究方向：话语分析和英汉语言对比。
   电子邮箱：qiuyang1002@gmail.com。
2. 林云姣，湘潭大学外国语学院硕士研究生，主要研究方向：话语分析。
   电子邮箱：957330263@qq.com。